Die Reiki-Praxis

W0074211

Beate Blaszok
Wulfing von Rohr

Die Reiki-Praxis

Handbuch zur Energie-
und Bewußtseinsarbeit

Urania Verlags AG

2. Auflage: 1996, 6. - 10. Tausend

ISBN 3-908644-31-3

© Urania Verlags AG, CH-8212 Neuhausen am Rheinfall

Alle Rechte der Verbreitung, auch durch Funk, Fernsehen, fotomechanische Wiedergabe, Tonträger jeder Art und auszugsweisen Nachdruck, vorbehalten. Urania Verlags AG, CH-8212 Neuhausen am Rheinfall

Umschlaggestaltung: Gerd Aumann, Wiesbaden
Photos: Ulrike Herz, Kempten
Satz: GBS, CH-3250 Lyss
Printed in Germany

Inhalt

II. Teil
Die Praxis von Reiki

III. Teil
Reiki: Und was kommt danach?

WICHTIGER HINWEIS:

Die Gesundheitshinweise und Übungsvorschläge in diesem Buch dienen der Information. Sie ersetzen eine fachkundige Diagnose und Behandlung nicht! Bitte suchen Sie bei allen Beschwerden und Krankheiten auf jeden Fall den Rat kompetent ausgebildeter und amtlich zugelassener Therapeuten, Ärzte bzw. Naturheilkundiger.

Widmung

Dieses Buch widme ich mit dankbarem Herzen meinen Eltern, Elfriede und Heinrich Blaszok. Danke, daß Ihr mir geholfen habt, zu werden, was ich heute bin. Danke für Eure Unterstützung, danke für Eure Liebe, danke, daß es Euch gibt.

Einen aufrichtigen Dank an alle Menschen, die mir auf meinem Lebensweg und bei meiner Arbeit mit Reiki oft selbstlos geholfen haben. Besonders danke ich Roland Stenglin, der an zahlreichen Forschungen im Reiki einen aktiven Anteil hatte, und Gudrun Schöner, die mir mit ihrer liebevollen und hilfsbereiten Art eine große Stütze ist.

Ein herzliches Dankeschön auch an alle meine Seminarteilnehmerinnen und -teilnehmer. Ohne Eure Mitarbeit und ohne Eure vielen Fragen wäre uns vieles im Reiki verborgen geblieben, was eine Bereicherung darstellt, die uns heute schon wie selbstverständlich geworden ist.

Beate Blaszok, im Herbst 1995

I. Teil

Die Grundlagen von Reiki

*«Was nützte es dem Menschen,
wenn er die ganze Welt gewönne
und nähme doch Schaden an seiner Seele.»*

Bibel

1. Im Inneren des Herzens

Persönliche Worte an die LeserInnen

Mein innigster Dank gilt all den Menschen, die das Buch *Reiki fürs Leben* gelesen haben und mir in Briefen, Telefonanrufen und persönlichen Gesprächen am Rande von Seminaren so viel positive Reaktionen geschenkt haben. Sie brachten zum Ausdruck, daß sie sich tief berührt fühlen und wertvolle Hilfen durch dieses erste Buch erfuhren. Immer wieder wurde ich gebeten, ein Handbuch zu schreiben, um noch mehr ganz konkrete Anwendungsvorschläge und Praxiserfahrungen weiterzugeben.

Diesem Anliegen soll das vorliegende neue Buch dienen. Natürlich hat jeder Versuch, geistige Dimensionen zu beschreiben und innere Erfahrungen mit Schwingungen und Energie, mit Licht und Liebe zu vermitteln, deutliche Grenzen. Insofern dient ein Buch eben als Anleitung, kann das eigene Erleben jedoch nicht ersetzen.

Reiki ist für mich das allumfassende, allmächtige Licht der Schöpferkraft. Die Reiki-Lehren haben mir auf meinem Weg geholfen, mehr und mehr den Kern, die Mitte meines Seins zu entdecken und zu erfassen. Reiki hilft mir im Bewußtwerdungsprozeß und bei der Entfaltung meiner Herzensqualität. Es ist für mich eine Hilfe, den Strom von Licht und Liebe in mir und in der gesamten Schöpfung wahrzunehmen und mich darauf einzulassen und dadurch auch zu mehr Gelassenheit und Übersicht, zu mehr schöpferischer Kraft und Erfüllung im Alltag zu gelangen.

Kennen wir denn nicht alle Situationen in unserem Leben, in denen wir glauben, daß nun wieder alles schief geht: im Beruf hast Du anscheinend nur noch Ärger, in der Partnerschaft fühlst Du Dich unverstanden? Seit ich mit Reiki arbeite, kann ich mit solchen Ereignissen ganz anders und viel besser umgehen, als mir das früher möglich war. Ich durfte lernen, mich auch unter schwierigen Umständen mit dem universellen Licht zu verbinden und um Hilfe zu bitten.

Wenn ich heute in meinem Leben auf ein Problem stoße, dann frage ich mich zuerst: «Welche geistige Lernaufgabe soll ich erfüllen? Was kann ich an diesem Problem erkennen?» Danach öffne ich mich dafür, daß das universelle Licht in eine Lösung fließt, die vom höheren, göttlichen Standpunkt aus für alle Beteiligten förderlich ist. Ich suche also nicht nach *meiner* Lösung, sondern bemühe mich, mich der intelligenten Schöpferkraft anzuvertrauen, die meinen Lebensplan vollkommen kennt, damit ich von ihr die notwendigen Impulse erhalte, wie ich zu einer Herzenslösung geführt werden kann, die allen Menschen dient.

Es gibt genügend Beispiele – und sicher kennst Du aus Deinem Leben auch selbst solche Beispiele –, wie völlig unerwartet und verstandesmäßig nicht begründbar in bestimmten Situationen Entwicklungen eingetreten sind, die das scheinbar so Schwierige und Negative doch noch zu einer positiven Lösung führten.

Je mehr wir uns für das Licht der Schöpferkraft öffnen und es durch uns hindurchstrahlen lassen, desto geborgener und beschützter fühlen wir uns selbst und desto bewußter und liebevoller können wir unser Leben eigenverantwortlich gestalten. Mit dieser Einstellung versuche ich, mich der Vermittlung von Reiki in den Seminaren zu widmen, damit möglichst viele andere Seelen ebenfalls den Reichtum entdecken, der in ihr Leben fließen möchte.

Suche das Göttliche in Dir und nicht im Außen, so wirst Du im Geiste und in der Liebe wirklich wachsen. Ist es Dir nicht auch schon einmal so ergangen, daß Du Dir etwas wünschst und es unbedingt haben möchtest? Und wenn Du es dann bekommst, brauchst Du es gar nicht mehr und es bedeutet Dir nichts mehr. In meinem ersten Beruf, als medizinisch-technische Assistentin und dann als Laborleiterin, hatte ich äußerlich alles erreicht, was ich mir erhofft hatte: eine Eigentumswohnung, ein schönes Auto, mehrfache Urlaubsreisen... aber wirklich glücklich war ich noch lange nicht. Immer wieder hatte ich das Gefühl, daß mir etwas Wesentliches noch fehlt.

Durch die Reiki-Arbeit, durch die Anwendung der Reiki-Kraft, hat sich mein Leben grundlegend und positiv verändert. Ich arbeite zwar sehr viel mehr als noch vor zehn oder fünfzehn Jahren, habe weniger Urlaub und lebe mit meinem Sohn Dominik in einer kleineren Wohnung – fühle mich dabei aber viel ausgeglichener, ruhiger, wohler und erfüllter. Das Leben hat für mich einen Sinn bekommen! Gibt es etwas Schöneres, als mit Menschen zusammen zu sein, die ebenfalls nach Erfüllung suchen, und durch eine höhere Liebe genährt und geführt zu werden? Heute spüre ich, daß das, was in meinem Leben geschieht, zu mir gehört, daß ich es zu meiner weiteren Entwicklung *wirklich* brauche. Dasselbe wünsche ich Dir von ganzem Herzen auch!

Übrigens verstehe ich mich nicht als «Reiki-Meisterin», sondern als Reiki-Lehrerin bzw. Vermittlerin, die anderen Menschen neue Impulse geben darf, ihr Leben selbst kreativ und eigenverantwortlich zu gestalten. Ein Hinweis zum Sprachgebrauch: die üblichen männlichen Begriffe meinen natürlich Frauen ebenfalls.

Dafür, daß dieses Buch Dich in Deinem Herzen ansprechen und Dir helfen möge, Dich für das Göttliche in Dir zu öffnen, bitte ich um Seinen Segen.

2. Heil-Sein durch Bewußtsein und Energie

Die geistigen Gesetze des Lebens und des Heilens

Das Leben der Menschen, das Leben aller Wesen, Natur und Erde, das gesamte Universum, ist kein wirres, zufälliges «Chaos», sondern folgt im anfänglichen Aufbau, bei der dann sich vollziehenden Festigung und in der schließlich sich ereignenden Auflösung bestimmten schöpferischen Gesetzen. Diese Gesetze nennen manche Denkschulen «Naturgesetze», andere bezeichnen sie als «geistige Gesetze». Wenn wir die grundlegenden Gesetzmäßigkeiten des Lebens einmal erfahren, verstanden und bewußt integriert haben, ergeben sich daraus auch die Gesetze, wie wir mit Bewußtsein und Energie, mit Gesundheit und Wiedergesundung umgehen können.

Wenn wir auf einer tiefen Ebene erfassen, daß der Schlüssel zu Harmonie, Freude, Glück und Gesundheit das Wissen um die geistigen, göttlichen Gesetze ist, öffnet uns dieser Schlüssel das Tor zur Wahrheit, die uns frei machen wird. Wir werden frei von Unkenntnis und Begrenztheit und finden zu Geborgenheit im Höheren, Liebe zum Göttlichen, Liebe zu anderen Menschen – und zu uns selbst! Unkenntnis der geistigen Gesetze bringt falsche Entscheidungen im Leben, die zu Kummer, Sorge, Leid, Unglück und Krankheit führen können.

Was ist Heil-Sein, was ist Krankheit?

Heil-Sein bedeutet für mich, daß wir in Harmonie mit den schöpferischen Gesetzen leben und mehr oder weniger bewußt den Plan der Seelenentwicklung erkennen, annehmen und zu verwirklichen suchen. Krankheit ereignet sich, wenn wir uns vom Lebensplan und von der göttlichen Kraft fortbewegt oder sogar getrennt haben und damit uns selbst vom Strom der schöpferischen, heilenden Kraft abgeschnitten haben.

Edward Bach hat zum Thema Gesundheit und Krankheit in seinem Grundlagenwerk *Heile Dich selbst – Die wahre Ursache und Heilung von Krankheit* unter anderem geschrieben:

«Die vorrangigen wahren Krankheiten des Menschen sind solche Mängel wie Stolz, Grausamkeit, Haß, Ich-Liebe, Unwissen, Unsicherheit und Habgier; und jeder dieser Mängel wird, wenn man darüber nachdenkt, als der EINHEIT entgegenstehend empfunden werden. Solche Mängel sind die wahren Krankheiten, und es ist die Fortsetzung und die Beharrung in solchen Mängeln, nachdem wir das Stadium der Entwicklung erreicht haben, in dem wir sie als falsch erkennen können, was im Körper die schmerzhaften Ergebnisse herbeiführt, die wir als Krankheit kennen.»

Weiter heißt es: «Was wir als Krankheit kennen, ist das letzte Stadium einer sehr viel tiefer liegenden Unordnung, und es ist offensichtlich, daß, um der Behandlung vollkommenen Erfolg zu sichern, die Beschäftigung mit dem Endergebnis allein nicht umfassend wirksam sein wird, wenn nicht die zugrundeliegende Ursache ebenso beseitigt wird.»

Und: «Es gibt zwei große Irrtümer: erstens, die Gebote unserer SEELE nicht zu achten und ihnen nicht zu folgen, und zweitens, gegen EINHEIT zu verstoßen.»

Bach schreibt später: «Es kommt darauf an, den Geboten unserer Seele, unseres höheren Selbst zu gehorchen, was wir durch Gewissen, Instinkt und Intuition erlernen. Damit sehen wir, daß Krankheit aufgrund ihrer eigenen Prinzipien ihres Wesens sowohl vermeidbar wie heilbar ist. Und es ist die Aufgabe von Geist-Heilern und Ärzten, den leidenden Menschen zu den materiellen Heilmitteln das Wissen über die Irrtümer ihres Lebens und die Vorgehensweise, wie diese Irrtümer ausgerottet werden können, zu vermitteln und so die Kranken zurück zu Gesundheit und Freude zu führen.»

Dr. Bach führt zwar in diesen Zitaten den Faktor Angst nicht eigens auf, aber seine erste Blütengruppe dient ja bekanntlich der Auflösung von Angst. Angst ist eine der wichtigsten Ursachen von Krankheit. Angst kann letzlich nur durch die Wiederentdeckung von Urvertrauen in das Leben, in die schöpferische Kraft, in Gott überwunden beziehungsweise umgewandelt und erlöst werden.

Neuere Forschungen haben übrigens gezeigt, daß gesunde Zellen nicht nur Energie, sondern auch Licht in Form von Biophotonen ausstrahlen. Kranke Zellen dagegen strahlen nur vermindert Licht aus, Krebszellen überhaupt nicht. Man könnte in dieser Hinsicht Gesundheit also auch als einen Zustand der lichtvollen, geladenen Ausstrahlung von Energie durch Körper, Geist und Seele bezeichnen. Krankheit wäre dann ein Zustand mangelhafter oder ganz erloschener Ausstrahlung.

Die Antike ging von sieben hermetischen Prinzipien aus, welche zusammen die geistigen Gesetze ausmachen. Das sind die Prinzipien der Geistigkeit, der Entsprechung, der Schwingung, der Polarität, des Rhythmus', das Prinzip von Ursache und Wirkung (das Karma-Gesetz) und das des Geschlechts beziehungsweise der Zeugung.

Gedanken zu diesen sieben Gesetzen würden für sich schon mehr als ein Buch füllen, und die knappen Überlegungen an dieser Stelle erheben nicht den Anspruch, vollständige und abschließende Kommentare zu diesem großen Gebiet darzustellen. Die folgenden Bemerkungen sollen vielmehr einer ersten Orientierung dienen, damit Du selbst weiterforschst, inwieweit diese sieben Prinzipien für Dich und Deinen Seelenweg eine Rolle spielen.

Das Prinzip der Geistigkeit allen Seins

Der bedeutende Physiker Max Planck hielt 1944 einen Vortrag zum Thema «Das Wesen der Materie», aus dem ich gern einige Worte zitiere. Die darin zum Ausdruck kommende Überzeugung ist umso eindringlicher, weil sie nicht von einem «Esoteriker» oder «Metaphysiker» oder «Mystiker» stammt, sondern von einem ausgewiesenen und «erfolgreichen» Naturwissenschaftler. Planck sagte:

«Als Physiker, also als Mann, der sein ganzes Leben der nüchternsten Wissenschaft, nämlich der Erforschung der Materie, diente, bin ich sicher frei davon, für einen Schwarmgeist gehalten zu werden, und so sage ich Ihnen nach meinen Erfahrungen des Atoms dieses: *Es gibt keine Materie an sich!* Alle Materie entsteht und besteht nur durch eigene Kraft, welche die Atomteilchen in Schwingung bringt und sie zum winzigsten Sonnensystem des Atoms zusammenhält…

So müssen wir hinter dieser Kraft einen bewußten, intelligenten Geist annehmen.

Dieser Geist ist der Urgrund der Materie!

Nicht die sichtbare, aber vergängliche Materie ist das Reale, Wahre, Wirkliche, sondern der unsichtbare unsterbliche Geist ist das Wahre! Da es aber Geist an sich allein ebenfalls nicht geben kann, sondern jeder Geist einem Wesen gehört, müssen wir zwingend Geistwesen annehmen.» (Zitiert aus *Zeitschrift für Erfahrungsheilkunde*, Heft 12/90, S. 807)

Da wir, da jeder von uns, Geistwesen sind, gehört es zu unserer Lebensaufgabe, uns als solche auch zu erkennen und in diesem Bewußtsein auch wirklich unser Leben zu gestalten.

Das Gesetz der Entsprechung

«Wie oben so unten», lautet der bekannte Lehrsatz des Hermes Trismegistos, einer Gestalt des ägyptischen Gottes Thot, der als einer der «Urväter» der Metaphysik beziehungsweise Esoterik gilt. Dieses «wie oben so unten» bezieht sich auf die Entsprechung zwischen dem Makrokosmos der Welt und dem Mikrokosmos des einzelnen Menschen. Darin kommt also zum Ausdruck, daß alles, was es im großen Kosmos gibt an Kräften und Gesetzen, auch im so viel kleineren Menschen angelegt ist.

Wenn wir uns ein Bild der Erde ansehen, die aus einem Raumschiff aus sehr großer Entfernung aufgenommen wurde, so finden wir eine verblüffende Entsprechung zum Bild eines Atomkerns.

Mystiker wie Sant Darshan Singh und Sant Rajinder Singh lehren und zeigen, daß es nicht etwa eine bloße Metapher ist, daß der Makrokosmos von Sonne, Mond und Sternen im Menschen ist, sondern daß dies eine Wirklichkeit darstellt, die in der Meditation am dritten Auge persönlich erlebt werden kann. Sie weisen daraufhin, daß wir jedoch selbst diesen inneren Kosmos unter kompetenter Anleitung durchqueren müssen, um zur geistigen Wirklichkeit jenseits zu gelangen.

In den meisten Religionen kommen diese spirituell erfahrbaren Tatsachen ebenfalls zum Ausdruck. Zum Beispiel berichtet der Prophet Mohammed davon, daß er den inneren Mond «entzweigeschnitten» – ihn also durchquert – habe, um über diese

Ebene hinauszugelangen. Auf islamischen Fahnen finden wir ja auch den Halbmond und den Stern.

Auch im Vaterunser erfolgt der Hinweis auf das Gesetz der Entsprechung, wenn es heißt, «Dein Wille geschehe, wie im Himmel, also auch auf Erden».

Das Prinzip der Entsprechung zwischen Makrokosmos und Mikrokosmos, ja, sogar zwischen Schöpfer und Geschöpf, zwischen der Allkraft und dem im Menschen angelegten Geist, weist auf zwei wesentliche Tatsachen hin:

– Es gibt in der Schöpfung eine Ordnung.
– Alles ist in allem enthalten, alles ist in uns.

Das Prinzip der Schwingung

Alles ist Schwingung. Es gibt keine feste Materie, stellte Max Planck fest. «Panta rhei», «Alles fließt», alles in der Welt befindet sich in ewiger Bewegung, alles entwickelt sich ständig, einen Stillstand gibt es nicht. Diese Heraklit zugeschriebene Erkenntnis umschreibt das Prinzip der Schwingung. In der Homöopathie, in der Bachblütentherapie, in der Farbtherapie und in vielen anderen Heilmethoden gehen wir davon aus, daß feine Schwingungen bis auf den grobstofflichen Körper wirken, harmonisieren und heilen können.

Die höchste Schwingung ist der reine Geist; sie ist zwar physisch nicht sichtbar, aber erfahrbar – in der Liebe, in der Gotterfahrung.

Die niedrigste Schwingung ist diejenige irdischer, materieller Körper, zum Beispiel in der Form von Mineralien. Steine erscheinen uns fest, weil ihre Schwingung so niedrig ist. Aber selbst die scheinbar feste Materie schwingt in ihren Bestandteilen ständig, wie wir inzwischen wissen.

Zwischen dem rein Geistigen und dem (fast) rein Materiellen gibt es eine unüberschaubare Vielfalt von Schwingungszuständen auf psychosomatischen, emotional-mentalen und beginnenden spirituellen Ebenen.

Da alles im Ursprung Schwingung ist, ist es nicht nur sinnvoll, sondern auch notwendig, daß wir mit Schwingungen arbeiten, wenn wir helfen und heilen, bewußt werden und schöpferisch tätig sein wollen. Das Leben nur als materiellen Vorgang zu betrachten, schneidet uns ab vom großen geistigen Potential und führt zwangsläufig in die seelische Verarmung und die körperliche Krankheit.

Heil-Sein bedeutet, unsere Schwingungsnatur anzunehmen und uns um immer höhere, feinere Schwingungen zu bemühen, bis wir für die rein spirituelle Seelenschwingung empfänglich sind.

Das Gesetz der Polarität

Auf der Ebene materieller Formen werden wir auf nicht zu übersehende Weise mit dem Gesetz der Polarität konfrontiert. Aktivität-Passivität, Empfänglichkeit-Starrheit, Frau-Mann, Yin-Yang, Hell-Dunkel, Warm-Kalt, Tag-Nacht, Liebe-Haß, Schönheit-Häßlichkeit, Geduld-Ungeduld, Körper-Geist...

Wir erleben die Welt in der Polarität oder Dualität, solange wir uns selbst als Ich, als Ego verstehen und uns vom Sein und Geist der Schöpfung als getrennt empfinden. Wenn wir uns indes als Teil des Ganzen erfahren, das untrennbar mit Allem verbunden ist, so überwinden wir die Polarität im Bereich des Geistes. Auf der körperlichen Ebene können wir, solange wir mit und durch den Körper agieren, gar nicht anders, als polar und dualistisch zu existieren. Wir müssen zur Erhaltung der physischen Existenz trinken und essen, verdauen und assimilieren sowie ausscheiden. Wir müssen uns vor zu starker Hitze und gegen zu große Kälte schützen…

Das Problem in bezug auf die offensichtliche Polarität des Erdenlebens besteht darin, daß wir sie meist von der materiellen auf die emotional-mentalen Ebenen und in die spirituellen Bereiche übertragen. Natürlich haben wir einen Körper, der getrennt und nicht eins = identisch mit anderen Körpern ist. Selbstverständlich agiert unser Gemüt anders als das unserer Mitmenschen, und so sind auch unsere Gefühle und Gedanken anders. Es kommt jedoch darauf an, daß wir uns selbst als etwas erkennen, was rein geistigen Ursprungs ist und jenseits von Raum und Zeit, jenseits von Körperlichkeit und Polarität besteht: als einen Funken Gottes, als bewußtes Sein, als lichterfüllte Seele.

Wenn wir uns spirituell so erleben, dann bleiben wir zwar im Erdenleben äußerlich auf der Ebene der Polarität, sind aber mit jedem Lebewesen und mit der gesamten Schöpfung innerlich, geistig verbunden und nicht mehr getrennt.

Das Prinzip des Rhythmus'

Nicht nur alles fließt, sondern alles Leben pulsiert. Der Atem strömt ein und aus, frisches, sauerstoffreiches Blut wird im Kreislauf vom Herzen her zu allen Zellen im Organismus gepumpt, und das verbrauchte Blut wird wieder zurückgepumpt. Wir kennen Rhythmen der Natur: die Gezeiten von Ebbe und Flut wechseln sich ab, die Jahreszeiten, der Mondstand zwischen Neumond und Vollmond…

23

Wir alle sind Teil einer Entwicklung, die sich nach rhythmischen Gesetzen vollzieht. Je mehr wir uns auf den jeweiligen Lebensrhythmus einlassen, desto harmonischer können wir schwingen und desto kreativer können wir unseren Lebensplan erfüllen.

Das Gesetz von Ursache und Wirkung (Das Karma-Gesetz)

«Was Du säest, das wirst du ernten.» «Wie Du in den Wald hineinrufst, so schallt es zurück.» «Jede Aktion ruft eine Reaktion hervor.» «Energie kann nie ausgelöscht, sondern immer nur in ihrer Erscheinungsform verwandelt werden.» «Wenn Du einen Ball an eine Wand wirfst, so prallt er zurück.»

Das sind schlichte und dennoch richtige und wahre Aussagen dazu, was das oft als kompliziert angesehene Gesetz von Ursache und Wirkung eigentlich meint. Jeder Gedanke, jedes Gefühl, jedes Wort und jede Handlung sind Energien, die sich nicht einfach auflösen, sondern früher oder später ihre Wirkung ausüben. Einen «Zufall» im landläufigen Sinne gibt es nach dem Gesetz des Karmas nicht. Alles, was ist und was geschieht, kommt nicht ursachenlos aus heiterem Himmel, sondern hat Ursachen und Beweggründe, auch wenn wir sie nicht immer sehen. (Mehr zu diesem Thema im Buch meines Koautors, *Es steht geschrieben... Ist unser Leben Schicksal oder Zufall*, in dem das Karma-Thema ausführlich behandelt wird; siehe Literaturhinweise.)

Eine echte Einsicht in das Gesetz von Ursache und Wirkung erinnert uns an die Eigenverantwortung, die wir für unser Leben tragen. Sie wird uns als Richtschnur dienen, unser Denken, Fühlen, Sprechen und Tun so auszurichten, daß es den Idealen mitmenschlicher Liebe und bewußter Lebensführung auf geistige, göttliche Ziele hin entspricht.

Das Prinzip der Zeugung
(Das Prinzip des Geschlechts)

In allem gibt es Weibliches und Männliches. Männer haben weibliche Hormone, Frauen männliche. Das biologische Leben ist auf Zeugung, auf Re-Generation, auf Schöpfung neuen Lebens angelegt. Wir Menschen – und übrigens die gesamte Natur, nicht nur Flora und Fauna, auch Galaxien und Universen – haben den instinktiven Drang, das äußere Leben zu erhalten, indem wir neues Leben zeugen.

Zeugung oder schöpferische Tätigkeit existiert auch auf den geistigen Ebenen. Was anders sind die Werke von Poeten und Komponisten, von Bildhauern, Malern und Architekten?

Ohne schöpferische Erfüllung geht es aber auch im Alltag, im Berufsleben nicht. Wenn wir in der Arbeit keine schöpferischen Möglichkeiten haben, stumpfen wir ab, werden «entfremdet» von unserem Tun und gleiten damit in Depressionen oder Rebellion.

Das Prinzip der Zeugung zu erkennen und zu beachten bedeutet, daß wir uns selbst und anderen Menschen so viele Chancen wie nur möglich öffnen, bewußt kreativ tätig zu sein.

Das Gesetz der Resonanz

Je nach sprachlicher Definition und weltanschaulicher Ausrichtung könnten wir auch das «Gesetz der Resonanz» als besonderes Prinzip aufführen. Dieses Prinzip besagt, daß «Gleiches gleiches anzieht» und daß jeder Mensch nur das sehen kann, was er sehen will. Weil in uns schon etwas angelegt ist, können wir ein Gleiches oder Ähnliches überhaupt erst wahrnehmen. Das Gesetz der Resonanz überschneidet sich sowohl mit dem Gesetz von Ursache und Wirkung als auch mit dem der Entsprechung und dem der Schwingung.

> *«Wär nicht das Auge sonnenhaft,*
> *Wie könnten wir das Licht erblicken.*
> *Lebt nicht in uns des Gottes eigne Kraft,*
> *Wie könnt uns Göttliches entzücken.»*

> J.W. von Goethe.

* * *

Mir scheint wichtig, daß wir lernen zu unterscheiden, was geistige, höhere, göttliche Gesetze sind, die immer gültig sind und deren Erkenntnis und Einhaltung die Entwicklung des Lebens fördern, und was mensch-gemachte Gesetze sind, die bestenfalls der Aufrechterhaltung einer äußeren Ordnung dienen können. Die geistigen Gesetze gelten übrigens – genauso wie die irdischen – gleich, ob man sie kennt und daran «glaubt» oder nicht.

3. Was Reiki ist – Wie Reiki wirkt

Reiki: Die universelle Lebensenergie

Das Wort Reiki setzt sich zusammen aus den beiden Silben Rei
und Ki. Jede Silbe spiegelt einen Begriff wider. Das Wort Reiki
taucht in einem Text des Chinesen Guanzi im dritten Jahrhundert vor Christus zum ersten Mal nachweislich auf. Guanzi
erklärt den Begriff so: «Das Innerste vom Innersten, das sich im
Herzen befindet. Wenn es sich entfernt, bedeutet es den Tod.»
Im Zen-Buddhismus wurde das Wort Reiki übernommen und
bedeutet dort soviel wie: «Die wirkliche Essenz meines Selbst»
oder «Der wirkliche Kern meines Selbst».

Die zwei Schreibweisen von Reiki

27

Schauen wir in ein japanisches Wörterbuch, so finden wir für die Silbe Rei die Übersetzung *Seele, Geist* und *Heiliger Geist*. Für die Silbe Ki gibt es eine Fülle verschiedener Bedeutungen. Die wichtigsten sind *Geist,* Gemüt, *Seele, Herz,* aber auch Neigung, Interesse, Gefühl, Duft, Geschmack und so fort. Ki bezeichnet auch die Summe aller Eigenschaften eines Wesens, gewissermaßen seine Persönlichkeit. Für mich ist Ki auch die Lebenskraft, die Du mit in Dein Leben gebracht hast.

Nehmen wir nun beide Begriffe zusammen, so bedeutet Reiki für mich der heilende Geist (der Heilige Geist), der Dein wahres Wesen zum Strahlen bringt.

Rei-Ki ist also der heilende Geist, das Rei, der Deine Lebenskraft, das Ki, zum Leuchten bringt, so daß Du Dein volles Potential entfalten und entwickeln kannst, gemäß Deinem göttlichen Lebensplan. Man könnte auch sagen, daß Rei-Ki das Ki des Rei ist, also die Essenz des Innersten oder des Geistes.

In der Reiki-Literatur wird Reiki als universelle Lebenskraft oder Lebensenergie dargestellt. In meinen Seminaren spreche ich gern von Reiki als universeller Licht-Energie, vom allumfassenden und vom göttlichen Licht. Ich verwende deshalb gern den Begriff Licht, weil wir uns dann eher daran erinnern, daß wir von rein geistigen Ebenen sprechen. Wir sind in unserem innersten Wesen Geist, Licht, Seele und «Heiliger Geist». Licht ist wie Geist, Geist ist wie Licht: für uns nicht materiell greifbar, unseren irdischen Sinnen nur indirekt faßbar. Es läßt sich weder einengen, einsperren noch wirklich «be-herr-schen».

Geist und Licht sind schneller als unsere Gedanken. Geist erfüllt unsere Welt mit Leben und Energie. In allen Religionen finden wir Aussagen zum LICHT. Es hat einen göttlichen Ursprung; es steht als Symbol für Weisheit und höchstes Bewußtsein.

«Ich bin das Licht der Welt. Wer mir nachfolgt, wird nicht im Finstern gehen, sondern das Licht des Lebens haben.» (Jh. 8,12.)

Licht schenkt uns Menschen Hoffnung, Zuversicht und Freude. Sich im Licht zu bewegen, macht uns frei, glücklich, sicher, geborgen und klar.

Da wir auch in Symbolen denken (siehe Abschnitt über Symbole), ist es wichtig, Reiki als einen Begriff zu übertragen, mit dem wir uns in unserem tiefsten Inneren identifizieren können. Licht ist unsere wahre Natur, unser wirkliches und ewiges Wesen. Meist haben wir unsere Lichtnatur vergessen oder verdrängt und halten solche Aussagen nur für fromme Sprüche. Wir sind uns oft auch nicht bewußt, daß unser individuelles Leben nur aufgrund der Kraft des göttlichen, allumfassenden und alles durchdringenden Lichts bestehen kann. Ein spirituelles Ziel von Reiki, wie ich diesen Weg verstehe und zu praktizieren versuche, ist, durch die Verbindung mit der universellen Lebensenergie wieder den Zugang zur eigenen Lichtnatur zu gewinnen.

Das Reiki-System hat seinen Ursprung in mystischen Offenbarungen über Existenz, Wirkungen und praktische Anwendung einer universellen Lebensenergie, die der Japaner Mikao Usui im 19. Jahrhundert empfing. Er und seine Nachfolger Chujiro Hayashi und Hawayo Takata sowie deren Mitarbeiter und Schüler entwickelten erste Erfahrungen mit dieser Energie und ihre konkrete heilerische Anwendung systematisch weiter.

Mikao Usui wurde im 19. Jahrhundert geboren; merkwürdigerweise finden sich weder das genaue Geburts- noch das Todesjahr in den Annalen der Reiki-Literatur. Ob dieses Manko einem Mangel an Wissen oder einem Hang zur Mystifizierung entspringt, ist nicht ganz klar. Mikao Usui war, so die Überlieferung, Leiter einer christlichen Priesterschule in Kyoto. Er ging, wie es heißt, im Verlauf von Studienreisen und seiner persönlichen spirituellen Suche unter anderem in die USA und soll in Chikago einen Doktorgrad der Theologie erworben haben. Danach besuchte er wohl Indien und lernte dort Sanskrit. Nach seiner Rückkehr nach Japan fand Mikao Usui sowohl in alten Sanskritschriften als auch in tiefen Meditationen die Offenbarung wesentlicher Aspekte der universellen, alles durchdringenden Lebensenergie und ihren jeweiligen Ausdruck in bestimmten kraftgeladenen Symbolen – so die «offizielle» Reiki-Biographie.

Demnach entwickelte er aus diesen Entdeckungen die Grundlagen des Reiki-Systems, wie es heute gelehrt und angewandt wird. Usui gilt allen heutigen Reiki-Lehrern und -Schülern als der erste Reiki-Großmeister. Nach Auskunft einiger Reiki-Meister war Dr. Usui übrigens Buddhist. Um seine verblüffenden Heilungserfolge ranken sich viele wunderbare Geschichten. Sie brachten ihm schon zu Lebzeiten einen großen Zustrom von Menschen, wie berichtet wird.

Mikao Usui stellte fünf einfache Lebensregeln auf. Je nach Übersetzung und Auffassung lauten sie ungefähr so:

1. Heute lasse ich allen Ärger los.
   Gerade heute bin ich frei und glücklich.
2. Heute lasse ich alle Sorgen los.
   Gerade heute freue ich mich.
3. Heute tue ich aufrichtig meine Arbeit.
   Gerade heute erfüllen mich meine Aufgaben.
4. Heute lebe ich bewußt im Jetzt
   und nehme alle Segnungen dankbar an.
5. Gerade heute strahle ich Liebe zu allen Lebewesen aus.

Nicht mehr so «modern» und heute vielleicht manchmal weniger gern zitiert, ermahnte Mikao Usui die Menschen aber auch ausdrücklich, Eltern, Lehrer und ältere Menschen zu ehren!

Dr. Usui bestimmte vor seinem Tod Dr. Chujiro Hayashi, einen japanischer Marineoffizier, öffentlich zu seinem Nachfolger. Hayashi, der 1941 verstarb, wurde zum Großmeister des Reiki. Er führte jahrelang eine Reiki-Klinik in Tokio.

Die Japanerin Hawayo Takata, eine einfache Frau, lebte auf Hawaii. Nach dem Tode ihres Mannes wurde sie schwer krank und fuhr nach Japan, um sich behandeln zu lassen. Statt eine vorgesehene Operation durchführen zu lassen, folgte sie ihrer inneren Stimme, die sie zur Reiki-Klinik von Dr. Hayashi führte. Dort wurde sie geheilt und hatte deshalb den Wunsch, selbst anderen Menschen mit dieser heilenden universellen Energie so helfen zu können, wie ihr geholfen wurde.

Die Einweisung in Reiki war bis dahin aber nur Männern vorbehalten. Oft stellen wir ja fest, daß mystische Traditionen und «Meisterwege» völlig unnötig ausschließlich oder überwiegend männerorientiert sind. Frau Takatas Wunsch wurde nach etlichen «Umwegen des Schicksals» erfüllt: Sie wurde in Reiki eingewiesen. Dr. Hayashi besuchte Frau Takata 1938 in Hawaii und weihte sie dort ein, womit sie zum dreizehnten Meister des «Usui Systems der arzneimittelfreien Heilung» wurde. Später ernannte er sie zu seiner offiziellen Nachfolgerin. Sie verbreitete Reiki vor allem in den USA und Kanada, von wo aus es nach Europa kam.

Da Hawayo Takata nicht nachweisbar eine offizielle Nachfolgerin bestimmte, ergab sich eine Aufgliederung der Reiki-Lehre in zwei weltweit tätige Schulen. Es bildeten sich zwei Organisationen, deren heutige Namen «Reiki Alliance» und «T.R.T.A.I.» (früher A.I.R.A) sind. Phyllis Lei Furumoto ist die Mitbegründerin der Reiki-Alliance, Dr. Barbara Ray ist die

Gründerin der A.I.R.A., die sich später in T.R.T.A.I. umbenannte. Diese Schule nennt ihre Arbeit nicht mehr einfach Reiki, sondern «The Radiance Technique»; dieser Begriff ist auch als Warenzeichen geschützt.

Ende der achtziger Jahre gab Frau Furomoto frei, daß Reiki-Meister/Lehrer auch andere Reikipraktizierende oder -anwender in die höheren Grade einweisen durften. Danach verbreitete sich Reiki sehr rasch, eine Reihe «freier» Reiki-MeisterInnen/LehrerInnen nahm ihre Arbeit auf. Später wiederum entstanden weitere kleinere Reiki-Gruppierungen. Freie ReikimeisterInnen gehören keiner der beiden Schulen formell an, lehren aber in der Regel das traditionelle Usui-System der natürlichen Heilung.

Hier ist nicht der Ort, um über die Ursachen für die Aufsplitterung in zwei Hauptzweige und viele Einzelschulen zu spekulieren oder das gar zu bewerten.

Ich möchte an dieser Stelle gern ausdrücklich darauf hinweisen, daß ich die Verwendung des Begriffs «Meister» im Reiki-System für mehr als unglücklich halte und meine, daß es irreführend sein kann, wenn sich Menschen als «Reiki-Meister» bezeichnen. Der Begriff Meister sollte meiner Ansicht nach solchen Seelen vorbehalten bleiben, die eine sehr hohe eigene Bewußtseinsentwicklung abgeschlossen haben bzw. die sogar gottverwirklichte Seelen sind und befähigt, andere Menschen spirituell zu leiten. Das ist bei den meisten Reiki-«Meistern» nicht der Fall. Deshalb nenne ich mich selbst Reiki-Lehrerin. Man könnte natürlich auch argumentieren, daß der Begriff Reiki-Meister nicht eine Ebene der spirituellen Verwirklichung kennzeichnet, sondern als eine Art Handwerks-Meistertitel zu verstehen sei, der dann durchaus seine Berechtigung haben mag.

Reiki zur spirituellen Entfaltung

Nach der Einstimmung in Reiki – wenn die Einstimmung in der rechten Weise und mit der entsprechenden geistigen Einstellung und Bewußtheit erfolgt ist – verbindet sich der Mensch, der Reiki ausübt, jedes Mal aufs neue mit der Lichtenergie. Dies geschieht jedoch nur dann, wenn er sich auch wirklich bewußt beim Handauflegen mit dem Licht und der Liebe der allumfassenden, allmächtigen und allgegenwärtigen Quelle der Schöpfung verbindet.

Diese bewußte Verbindung und Rückverbindung des Menschen mit der höheren Kraft «nährt» und stärkt den Menschen. Sie bewirkt, daß sich der Mensch seiner geistigen Natur bewußter wird. Er spürt beziehungsweise erkennt, daß er einen Körper, Gefühle und Verstand *hat*, aber Seele, Selbst, Geist und Teil des Ganzen *ist*. Dann beginnt seine spirituelle Entfaltung für das in ihm, was ewig ist.

Reiki und Heilung

Heilung hat mit heil werden zu tun. Reiki kann zur Heilwerdung beitragen, indem sich der einzelne Mensch für sein innerstes Wesen, für seinen göttlichen Ursprung und für seine höchste Bestimmung öffnet. Dann ist es auch möglich, daß Krankheitssymptome verschwinden, Krankheit geheilt oder Leiden gelindert wird.

Es wäre jedoch ein Mißverständnis zu glauben, bereits das Handauflegen und/oder die Anwendung bestimmter Reiki-Symbole würde die Gesundheit wie ein Zauber- oder Wundermittel umgehend wiederherstellen. Ohne bewußte geistige Entwicklung geht es nicht. Reiki in erster Linie als eine magische

«Technik» einzusetzen, um Menschen mit neuer Energie aufzutanken und Krankheiten spurlos verschwinden zu lassen, ist ein Ansatz, der meines Erachtens dem Wesen und der Essenz von Reiki widerspricht.

Heilung ist möglich, aber als «Zugabe», als «Nebenprodukt» von Bewußtseinsentwicklung. Jede Krankheit ist eine Folge des Verstoßes gegen Naturgesetze in diesem Leben und/oder karmischen Fehlverhaltens in vergangenen Leben. Als solches muß Krankheit «abgetragen» werden. Sie läßt sich nur dann «schneller» heilen, wenn der Mensch das, was er selbst zu ihrer Entstehung beigetragen hat, erkennt und aufgrund eines Bewußtseinswandels einen neuen Weg einschlägt.

Reiki als «Weg zum Weg»

Wenn Du Reiki in dieser Weise aufnimmst, wirst Du auf Deinem Lebensweg auf das ganz große Ziel hin schreiten: Selbsterkenntnis, Selbstverwirklichung und Gotterkenntnis. Dann wird das Interesse, das sich anfangs vielleicht auf die Heilmöglichkeiten mit Reiki ausgerichtet hat, verwandelt. Es entsteht eine bewußte Suche nach dem persönlichen Lebenssinn, seelischer Erfüllung, schöpferischer Hilfe für alle Menschen und aktiver, verantwortlicher Mitarbeit am göttlichen Plan zum Nutzen allen Lebens. Dann wird Reiki der «Weg zum Weg», eine Brücke vom Irdischen ins Göttliche.

Die zehn Merkmale der Reiki-Energie

Die universelle Lichtenergie besitzt besondere Eigenschaften. Diese auch Reiki-Kraft genannte Energie ist die Essenz allen Seins und fördert immer und ausschließlich die natürliche und harmonische Entwicklung jedes Lebewesens. Wir können zehn grundlegende «Erkennungsmerkmale» der Reiki-Energie feststellen, die uns auch erleichtern zu erfassen, ob es sich bei einer Schule oder Lehrrichtung wirklich um Reiki oder um ein anderes System handelt.

1. Reiki wirkt immer zum Wohle des Empfängers.

Allerdings sind nicht alle heilsamen Wirkungen immer auch willkommen und angenehm. Manchmal mag es für den Menschen aus überpersönlicher Sicht und für das Ganze und dessen sinnvolle Entwicklung nützlicher sein, etwas «Unangenehmes» zu erfahren. Nie wirkt Reiki jedoch negativ!

2. Reiki kann nicht «mißbraucht» werden.

Die universelle Lichtenergie wirkt immer auf ihre eigene wunderbare Weise; sie kann gar nicht anders. Reiki fördert immer das Licht in uns. (Manchmal können vielleicht unzutreffende Darstellungen oder nicht richtig übermittelte Symbole bzw. deren unautorisierte Verwendung zu falschen Erwartungen und deshalb zu Enttäuschungen führen.)

35

3. Reiki wirkt immer auf der Ursachen-Ebene.

Wenn Krankheitssymptome bei bzw. nach einer Reiki-Behandlung verschwinden, dann deshalb, weil deren Ursache, der Sinn für ihre Existenz, transformiert wurde und nicht, weil das Symptom abgeschaltet wurde.

4. Reiki wirkt auf allen Ebenen des Seins.

Da die universelle Lichtenergie aus der höchsten Ebene, dem Urgrund allen Seins, kommt, durchleuchtet sie auf ihrem Weg zur materiellen Ebene alle dazwischenliegenden Ebenen und transformiert Blockaden, wo diese noch bestehen.

5. Die Reiki-Anwendung kennt keine Einschränkungen.

Jeder Einwand wie «Nicht bei...», «Höchstens...» oder «Nur, wenn...» ist der universellen Lichtenergie fremd. Wenn für den ursprünglichen Grund der Anwendung genügend Energie übertragen wurde, wirkt der Überschuß auf einer anderen Ebene zum Wohle des Empfängers weiter.

6. Der Gebende ermüdet durch die Anwendung nicht.

Wer sich nach einer Reiki-Behandlung ausgelaugt fühlt, hat nicht oder nicht nur Reiki-Energie übertragen, sondern statt dessen auch von seinen eigenen Energien. Wenn man sich nicht von Mitleid, vom eigenen Wollen oder oft unentdeckten Wünschen verleiten läßt, profitiert man auch als Gebender, nicht nur

36

als Empfangender, von der bei der Behandlung übertragenen Energie. Je mehr ich als Gebender und Nehmender bereit bin, Es geschehen zu lassen, desto mehr Energie kann übertragen und aufgenommen werden. «Herr, Dein Wille geschehe!»

7. Der Empfänger muß nicht an Reiki «glauben».

Das Annehmen der universellen Lichtenergie ist ebensowenig ein bewußter Akt wie unsere Verdauung ein bewußtes Annehmen materieller Energien wäre. Daher ist kein Glaube an die Wirksamkeit, keine Konzentration auf das Geschehen und keine bestimmte Vorbereitung erforderlich!

8. Die Wirkung ist unabhängig von der Verfassung.

Ob Gebender oder Empfänger: Die Wirksamkeit der Energie hängt nicht von der körperlichen Verfassung ab oder davon, wie sich der Mensch im Augenblick fühlt.

9. Die Wirkung ist unabhängig von der Umgebung.

Die Reiki-Energie wirkt unter allen äußeren Umständen, positiven wie negativen, gleich stark. Eine angenehme und für das Gemüt wohltuende Atmosphäre trägt natürlich auf anderen Ebenen dazu bei, das subjektive Wohlbefinden zu erhöhen.

10. Es sind keine «Reinigungsübungen» notwendig.

Reiki selbst, das universelle, strahlende Licht, ist eine reinigende Kraft. Wenn wir *mit* Reiki «reinigen» können, brauchen wir uns nicht vorher *für* Reiki zu reinigen. Die beste Reinigungsübung für den Energiekörper ist die häufige Anwendung von Reiki für uns selbst und das Anerkennen der geistigen Gesetzmäßigkeiten, nach denen sich Leben entfaltet. (Zitiert nach meinem Buch *Reiki fürs Leben*, Goldmann Verlag München, 3. Auflage 1995, S. 41-44)

4. Im Zentrum von Reiki: Der richtige Umgang mit den Reiki-Symbolen

Zeichen und Symbole

Zeichen sind von Menschen gemachte Signale, die einen bestimmten, klar definierbaren Zweck erfüllen. Ein Beispiel: Eine rote Ampel ist für unseren Kulturkreis ein Signal, das Stop bedeutet, Grün heißt freie Fahrt. In China und Japan bedeutet eine rote Ampel jedoch genau das Gegenteil, nämlich freie Fahrt, und eine grüne Ampel ist das Signal, anzuhalten. Die Bedeutung von Zeichen ist abhängig von der Festlegung durch die jeweilige Kultur.

Symbole sind Sinnbilder, die kulturübergreifende Bedeutung besitzen. Es handelt sich dabei um Archetypen, um Urbilder, die in allen oder zumindest den meisten Kulturen den gleichen Sinn ausdrücken. Rose, Herz, Kreuz und Fünfstern sind zum Beispiel solche Symbole. Die Seele nimmt täglich Bilder auf und drückt sich ebenso in Bildern aus, die meist Symbolcharakter tragen. Das geschieht sowohl in unseren Träumen wie zum Beispiel auch im kreativen und künstlerischen Schaffen.

C.G. Jung schrieb zu diesem Thema: «Das, was wir Symbol nennen, ist ein Ausdruck, ein Name oder ein Bild, das uns im täglichen Leben vertraut sein kann, das aber zusätzlich zu seinem konventionellen Sinn noch besondere Nebenbedeutungen hat. Es enthält etwas Unbestimmtes, Unbekanntes oder für uns Unsichtbares. Auch Gegenstände wie das Rad oder Kreuz haben unter Umständen Symbolgehalt. Was sie genau symbolisieren, ist allerdings immer noch ein strittiger Punkt. Ein Wort oder ein Bild ist symbolisch, wenn es mehr enthält, als man auf den ersten Blick erkennen kann. Es hat dann einen weiteren ‹unbewußten› Aspekt, den man wohl nie ganz definieren kann. So gelangt der menschliche Geist bei der Erforschung von Symbolen zu Vorstellungen, die sich dem Zugriff des Verstandes entziehen. Das Rad führt uns vielleicht zu dem Begriff einer ‹göttlichen› Sonne, aber hier muß der Verstand seine Unzulänglichkeit eingestehen; der Mensch ist außerstande, ein ‹göttliches Wesen› zu definieren.» (Der Mensch und seine Symbole, S. 20, Walter Verlag, Olten 1968)

Die Vorgänge in den Bewußtseinsebenen unterhalb unseres begrenzten Verstands entziehen sich diesem zumeist, jedoch steigen immer wieder Botschaften herauf, die in Symbolen verschlüsselt sind. Über die Beschäftigung mit Symbolen können wir einen vertieften Zugang zu inneren Schichten des Bewußtseins finden.

Im Reiki verwenden wir ab dem 2. Grad Symbole. Diese Symbole helfen uns, Einsichten aus un-, unter- oder überbewußten Ebenen ins Tagesbewußtsein einfließen zu lassen. Damit fördern wir die gezielte Bewußtseinsentwicklung. Ich verwende in der täglichen Reiki-Arbeit vier Symbole, weiß jedoch durch meine Ausbildung nach zwei Systemen auch von einem fünften Symbol. Diese vier Symbole sind: ein Symbol zur Kraftverstärkung, das dem universellen Symbol der Spirale in etwa entspricht; das zweite ist das Schutzsymbol; das dritte ist das Symbol zur Überwindung von Raum und Zeit; das vierte ist das sogenannte Meistersymbol. Diese vier Symbole stellen das Herzstück des Reiki-Systems dar. Im folgenden möchte ich auf die vier Symbole näher eingehen.

Symbole als multidimensionale Energiekörper im morphogenetischen Feld

Nach dem bekannten englischen Biologen Rupert Sheldrake gibt es «morphogenetische Felder». Das sind unsichtbare Energieräume, in denen sich Informationen, Botschaften und neue Erkenntnisse von einem Lebewesen auf andere übertragen können – durchaus unbewußt für alle Beteiligten! Symbole sind nach meiner Auffassung so etwas wie metaphysische Energieformen, die in diesen morphogenetischen Feldern übertragen werden können, ohne daß sie dadurch etwas von ihrem Sinn, ihrer Kraft und ihrer Wirkung verlieren.

Durch die Anwendung von Symbolen aktivieren wir die dynamisch wirkenden Energien der Symbole, die durch Raum und Zeit übertragbar sind. Dabei kann sich ein Prozeß der Bewußtwerdung vollziehen, der hilfreich für unsere gesamte Entwicklung wirkt.

Symbole sind multidimensionale Energiekörper. Sie entfalten ihre Wirkung auf vielen verschiedenen Ebenen unseres Seins, auch auf noch unbewußten Ebenen. Dann übrigens besonders intensiv, wenn wir die in ihnen angelegten Dimensionen wirklich erkennen und damit arbeiten. Das heißt, daß wir zum Beispiel das Symbol der Rose, die für Liebe steht, nicht nur als Gedanken oder flächiges Bild ansehen sollten, sondern daß wir uns das Symbol der Rose als räumliche Energie vorstellen und uns auf ihre Schwingung mehrdimensional einlassen: Wir stimmen uns auf den Namen bzw. das Wort Rose ein, wir sehen ihre Form vor unserem geistigen Auge, wir nehmen ihren Duft wahr, wir können uns sogar auf ihre zeitliche Dimension einstellen, indem wir vor dem inneren Auge entstehen lassen, wie die Knospe sich zur Blüte entfaltet. Wir können uns ebenfalls auf alle Assoziationen zum Bild und Symbol der Rose einstellen, die allein in unserem Tagesbewußtsein auftauchen: Liebe, Wärme, Schönheit, Vollkommenheit... Damit erfahren wir also unterschiedliche Dimensionen des Symbols Rose. Das gleiche gilt für alle anderen Symbole sinngemäß ebenfalls.

Wenn wir uns auf ein Symbol in dieser Weise einlassen, gewinnen wir – meist zunächst unbewußten – Zugang zu vielen oder allen anderen Informationen und Botschaften, die im morphogenetischen Feld der Rose enthalten sind.

Die Reiki-Symbole

Die Reiki-Symbole werden als «inneres Wissen» bei der jeweiligen Einstimmung (man kann auch Einweisung oder Einweihung sagen) offenbart. Diese Symbole gelten als geheiligt und kraftgeladen. Menschen, welche Einstimmungen ab dem 2. Grad erhalten, übernehmen damit gleichzeitig die Verantwortung, die mystische Essenz der Symbole zu bewahren. In unserer Zeit sind meiner Ansicht nach immer mehr Seelen bereit, höheres Bewußtsein zu entwickeln und dazu die entsprechenden geistigen Wahrheiten zu empfangen. Mit umso größerem Respekt und Verantwortungsbereitschaft sollten wir deshalb mit dem uns anvertrautem inneren Wissen umgehen. Der Original-Name und seine Schreibweise bleiben deshalb der persönlichen Einstimmung vorbehalten und werden hier nicht abgedruckt. Ich möchte dennoch einige wesentliche allgemeine Gedanken zur Bedeutung und zum sinnvollen Umgang mit den Reiki-Symbolen aus meiner Erfahrung mitteilen.

Das Kraftsymbol, das Schutzsymbol und das Symbol zur Überwindung von Raum und Zeit erhält der Reiki-Schüler im 2. Grad; das Meistersymbol erst im 3. Grad.

Das Kraftsymbol im Reiki
(Das Symbol zur Kraftverstärkung oder
das universelle Energiesymbol)

Überall im Alltagsleben finden wir Spiralbewegungen und Spiralformen. Das fängt an beim abfließenden Wasser in der Badewanne und Wirbeln in den Haaren. Wenn der Same die Eizelle befruchtet, beginnt die Eizelle sich gegen den Uhrzeigersinn zu bewegen. Bekanntlich ist auch das genetische Erbmaterial in der sogenannten Doppelhelix spiralförmig gedreht. Wir kennen Spiralformationen bei Schneckenhäusern, die spiralförmige Entfaltung von vielen Blättern, Spiralbewegungen von Wirbelstürmen und nicht zuletzt ist auch unser Milchstraßensystem eine gigantische Spirale im Weltraum.

Spiralen spielen auch in der Kunst eine bedeutende Rolle. Wir sehen Spiralen auf den Häuptern ägyptischer Feldherren, Spirallocken auf dem Haupte Buddhas in Büsten aus dem 6. Jahrhundert, Spiralen auf dem Leib Christi auf einem vergoldeten irischen Bronzekruzifix aus dem 7. Jahrhundert, spiralförmige Felsritzzeichnungen der Anasazi-Indianer aus dem 10. Jahrhundert, das Haupt der Medusa mit ungeformten Spiralen aus dem 17. Jahrhundert, Spiralformationen des Himmels in nordindischen Miniaturen aus dem 18. Jahrhundert bis hin zu van Goghs Bild «Die Sternennacht» von 1889. Bekanntlich sind auch die meisten Bischofsstäbe am Griff in Spiralform ausgebildet.

Vergoldetes Bronzekruzifix, Irland, 7. Jh.

Spiralformationen des Himmels («Sudama nähert sich
der Goldenen Stadt Krishnas», Gemälde, Punjab,
Indien, um 1785)

Medusenhaupt, 17. Jh.

Buddhas Locken sind äußeres Zeichen seiner inneren
Lichtheit und Ruhe (Buddhakopf, Tumchuq, ca. 5.-6. Jh.)

Der von Bischöfen getragene Krummstab ist ein Symbol
göttlicher Schöpfungsmacht (Bischofsstab, Italien, 12. Jh.)

Die Spirale stellt das vermutlich am weitesten verbreitete und bekannte universelle Symbol dar, das es gibt. Die Spirale ist ein Symbol von Kraft, die sich dynamisch entfaltet. Überall auf der Erde verbindet der Mensch mit der Spirale eine Energie, die vorwärts und aufwärts gerichtet ist, eine Energie, die Entwicklung bewirkt. Jede Spirale ist symbolischer Ausdruck und damit Träger einer universellen, dynamischen Kraft.

Eine Spirale zeigt eine Bewegung, die entweder auf einen Mittelpunkt zuläuft oder sich von diesem entfernt. Sie zeigt uns einen Weg, der die einzelne Mitte oder ein einzelnes Wesen mit dem All verbindet.

Das Symbol zur Kraftverstärkung im Reiki ähnelt zwar dem universellen Spiralsymbol, ist ihm aber auf keinen Fall gleichzusetzen. Das Reiki-Symbol zur Kraftverstärkung ist mehr als nur eine Spirale, sowohl von seiner Form her wie vor allem von seiner Essenz.

Das Kraftsymbol vermittelt, daß wir Menschen aus dem Urgrund allen Seins kommen, uns hier und jetzt in unserer zeitweisen Dualität und Polarität erfahren, um spiralförmig auf dem Weg zur Quelle allen Seins zurückkehren, indem wir uns unseres göttlichen Selbstes bewußt werden. Das erste Symbol im Reiki hilft uns, Zugang zu gewinnen zu höheren Bewußtseinsebenen und zu göttlichen Kräften, die unsere Entwicklung fördern.

Der Name, das «Mantra», das zu diesem Symbol gehört, weist auf zwei Bedeutungen hin:

«Schnell wie ein Blitz manifestiert sich die universelle Energie.»

«Sich vollkommen hingeben an die universelle Energie, an das universelle Licht, sich vollkommen überlassen.»

In dieser zweiten Bedeutung, die ich zusammen mit Roland Stenglin erst im Verlauf meiner Reiki-Arbeit und -Forschung entdeckt habe, kommt das zum Ausdruck, was sich in unserem christlichen Kulturraum im Wort «Herr, nicht mein, sondern Dein Wille geschehe» manifestiert.

Eine dritte Übertragung lautet:

«Zugang zu etwas erhalten durch vollständige Unterwerfung unter das zugrundeliegende Prinzip.»

Anders ausgedrückt, könnte man auch so übertragen:

«Sich eine Sache zu eigen machen durch vollkommene Unterwerfung.»

Das klingt für unsere Ohren heute sehr devot; hinter dem entsprechenden Mantra steht jedoch eine uralte, hochverehrte buddhistische Tradition, in der «Unterwerfung» nicht im Gegensatz zur Selbstverwirklichung gesehen wurde, sondern im Gegenteil die bewußte Aufgabe des Egos überhaupt erst die Voraussetzung dafür schaffte, «Erleuchtung» zu erlangen.

Schon aus der Bedeutung dieses Symbols ergibt sich, daß wir es immer dann anwenden, wenn Energie schnell gebraucht wird. Die Anwendungsmöglichkeiten sind vielfältig. Wir können es verwenden zur Energieverstärkung und als energetischen Schutz. Einzelne Anwendungen beschreibe ich im 6. Kapitel *Reiki im 2. Grad.*

Alle anderen Reiki-Symbole werden erst durch die rechte Anwendung dieses Kraftsymbols aktiviert. Es ist so, als ob erst durch die «Einschaltung» des Kraftsymbols der elektrische Schalter betätigt wird, der Strom zu den «Glühbirnen» der anderen Symbole fließen läßt. Wenn der «Schalter» des Kraftsymbols betätigt wird, fließt die Reiki-Energie sofort!

Das Schutzsymbol im Reiki
(Das Wächter- oder Harmoniesymbol)

Das Schutzsymbol besteht aus zwei Teilen, die gemeinsam ein neues Ganzes ergeben, ähnlich, wie sich im bekannten Yin-Yang-Symbol aus zwei ineinander passenden Hälften ein Ganzes ergibt. Die Reiki-Alliance bezeichnet das Schutzsymbol übrigens als «Mentalsymbol».

Das Schutzsymbol überwindet Gegensätze, harmonisiert Polaritäten, zum Beispiel zwischen dem emotionalen Fühlen und dem rationalen Denken. Es dient auch dazu, einen Ausgleich zwischen den beiden Gehirnhälften zu schaffen, der linken «Yang-Hemisphäre» und der rechten «Yin-Hemisphäre». Das Schutzsymbol, das ich gern auch «Wächtersymbol» nenne, schützt nicht nur denjenigen, der Reiki aktiv anwendet, sondern auch den Menschen, der Reiki empfängt, und zwar hauptsächlich auf den emotionalen und mentalen Energieebenen. Das spielt bei der Anwendung von Reiki über Raum und Zeit hinweg, beim «Fern-Reiki», eine wesentliche Rolle.

Das Mantra beziehungsweise der Name dieses Reiki-Symbols könnte man übertragen mit: *Quintessenz allen Seins, himmlischer Soldat*, also eine Person, die etwas bewacht und beschützt, und *Persönlichkeit*, was auf das Gemüt und unsere Ich-Energie hinweist.

Zum Vergleich, der zwar nicht genau stimmt, aber doch zur besseren Vorstellung vielleicht hilfreich sein könnte, gebe ich in meinen Seminaren gern folgendes Bild: Der *Soldat* wirkt wie eine Waage mit zwei Waagschalen. Seine Funktion besteht darin, darauf zu achten, daß die eine Waagschale, in der unser *persönliches kleines Ich* mit all seinen Wünschen und Vorstellungen und Begrenzungen liegt, nicht gegenüber der anderen Waagschale, in welcher die *Quintessenz allen Seins* liegt, also das höhere Selbst, das Göttliche in uns, überwiegt. Der Soldat hat die Aufgabe, beide Aspekte unseres Seins in einem harmonischen Gleichgewicht zu halten. Damit soll die Polarität überwunden werden.

Das Symbol zur Fernbehandlung im Reiki-System (Das Symbol zur Überwindung von Raum und Zeit oder das Kontaktsymbol)

Das Kontaktsymbol ist aus einzelnen Teilen von mehreren alten chinesischen Schriftzeichen entstanden, das in sich ein selbständiges Ganzes darstellt. Manche Reiki-Richtungen nennen es auch das «Zweiundzwanziger-Symbol».

Form und Name des Symbols zur Fernbehandlung im Reiki stellen so etwas wie eine Gleichung dar, bei der auf beiden Seiten des Gleich-Zeichens zwar dasselbe steht, jedoch unterschiedlich ausgedrückt wird:

Die Kraft aus dem Universum, die Energie aus der Quelle des schöpferischen Urgrunds entspricht bzw. ist gleich der rechtschaffenen Einstellung des Herzens.

Mit «Herz» ist nicht das physische menschliche Herz gemeint, sondern die geistige Offenheit und eine Bewußtseinshaltung der Herzensliebe, die sich frei und bedingungslos verströmt. So, wie eine Rose ihren Duft an die Umwelt verströmt, gleich, ob und wer den Duft wahrnimmt, bedarf es zur harmonischen Einstimmung auf die universelle Lebensenergie eines freien Teilens unseres Herzens mit Allem.

Das Kontaktsymbol kann Raum und Zeit deshalb überwinden, weil es uns auf eine andere als die übliche Ebene von Körper und Ego hebt; wir können damit Zugang gewinnen zu Ebenen von Licht und Bewußtheit. Dieses Reiki-Symbol wird ausschließlich dann verwendet, wenn wir den Kontakt zu anderen Personen, Situationen und Ereignissen in Vergangenheit, Gegenwart und Zukunft herstellen möchten, die gegenwärtig nicht dort sind, wo wir sind.

Manchen Reiki-Anwendern und -schülern ist dieses Symbol auch unter den folgenden Namen bekannt:

«Das Licht in mir ehrt das Licht in Dir» oder
«Das Göttliche in mir ehrt das Göttliche in Dir».

Für mich ist bei der Arbeit mit diesem Symbol die Erkenntnis wichtig, daß, falls sich mein Ego-Wille dazwischenschiebt, kein Kontakt aufgenommen werden und Lichtenergie nicht fließen kann.

Das Reiki-Meistersymbol

Leider ist das inzwischen in einem Buch veröffentlichte Meister-Symbol nach meinen Kenntnissen nicht ganz richtig wiedergegeben worden – abgesehen davon, daß zu seinem Gebrauch in jenem Buch kein Wort zu finden ist. Ich meine, daß die Symbole und Namen nicht gedruckt und einem staunenden (und dafür zahlenden) Publikum präsentiert werden sollten, das ohne die entsprechende Bewußtseinseinstimmung damit sowieso nichts Sinnvolles anfangen könnte. Deshalb wirst Du das Meistersymbol hier nicht abgedruckt finden.

Das Meistersymbol im Reiki ist aus einem Schriftzeichen entstanden, das entweder aus dem Chinesischen oder aus dem damit verwandten Japanischen stammt – darüber gibt es unterschiedliche Meinungen. Sicher entspringt es jedoch dem buddhistischen Kulturraum. Das Meistersymbol wird im 3. Grad vermittelt, die anderen, zuvor genannten drei Symbole werden im 2. Grad vermittelt.

Die Übertragung dieses Symbols lautet etwa «Das große Licht-Licht.» Das Meistersymbol findet in erster Linie Verwendung bei den Reiki-Einstimmungen. Damit soll der Reiki-Lehrer mit dem universellen Licht verbunden werden und es auf die irdische Ebene, also zum Reiki-Schüler leiten können.

Außerdem öffnet der 3. Grad den Reiki-Übenden und -Anwendenden so, daß das Meistersymbol zu seiner eigenen täglichen Bewußtwerdung beitragen und ihn für die Lichtebenen offener machen kann.

Ohne das Meistersymbol sind Reiki-Lehrer nicht in der Lage, andere Menschen in das Reiki-System einzustimmen. Allerdings befähigt die Kenntnis und Anwendung des Meistersymbols allein noch nicht dazu, eine richtige und vollständige Reiki-Einstimmung vorzunehmen.

Hinweis auf weitere Symbole

In manchen Richtungen, die sich teilweise ausdrücklich in der Tradition von Reiki verstehen, sich teilweise aber auch als inzwischen unabhängige Schulen darstellen, ist immer wieder einmal die Rede von einem fünften oder sogar von noch weiteren Reiki-

Symbolen. Manchmal werden diese als «Geheimsymbole» bezeichnet.

Mir ist als ein fünftes Symbol im Rahmen einer Reiki-Richtung ein Symbol bekannt, das der Öffnung der Herzensqualität dienen soll. Es bezieht sich auf die «vier Dinge», womit vier Buddha-Eigenschaften gemeint sind. Ungefähr ein dreiviertel Jahr habe ich damit gearbeitet. Meinem Empfinden nach sollte die Herzensqualität jedoch nicht erst ab einem vierten oder noch höheren Grad entfaltet werden, sondern wohl am besten bereits ab dem 1. Grad.

Solange wir die ersten vier Symbole des allgemein anerkannten und mehr oder weniger einheitlich gelehrten Reiki-Systems noch nicht wirklich verinnerlicht haben – solange wir also noch nicht die entsprechende Bewußtseinsentwicklung erfahren haben –, ist die Verwendung angeblicher weiterer, höherer Symbole so, als ob wir den fünften Schritt vor den ersten machen wollten.

Die Herkunft und der Nutzen weiterer Reiki-Symbole ist und bleibt umstritten. Manche erfahrene Reiki-Lehrer meinen sogar, daß solche weiteren Symbole einer blühenden Vorstellungskraft entspringen und/oder ihre angebliche Existenz dazu dienen soll, Reiki «interessanter» zu machen und für entsprechende Kurse mehr Teilnehmer zu finden.

Es ist durchaus denkbar, daß der Wunsch nach einer Fortentwicklung Pate der «Entdeckung» weiterer Reiki-Symbole war. Eine wünschenswerte Fortentwicklung (auf die ich im Schlußteil *Reiki: Was kommt danach?* näher eingehe) scheint mir eher über Geheimsymbole, Formen und Techniken hinauszugehen und in eine neue, formlose und lichterfüllte Bewußtseinsebene zu führen.

Eine endgültige Meinung habe ich mir zu diesem Thema aufgrund unvollständiger Informationen noch nicht bilden können. Persönlich ist für mich jedoch die Anwendung der vier üblichen Reiki-Symbole mehr als ausreichend.

Die Reiki-Einstimmung

Die Einstimmung (die oft auch Einweihung genannt wird, was mir etwas problematisch erscheint, weil damit ein vielleicht nicht einlösbarer spiritueller Anspruch verbunden ist oder womöglich «magisches Brimborium» erzeugt werden soll) ist das Fundament der Reiki-Arbeit. Durch die richtig vorgenommene, vollständige und im *rechten* Bewußtsein ausgeführte und aufgenommene Einstimmung soll die Schwingung des Menschen auf eine höhere Ebene gehoben und er mit all seinen Bewußtseinsschichten auf die universelle Lichtenergie eingestellt werden.

Die drei Aspekte der Einstimmung – richtige Ausführung, Vollständigkeit und rechte Bewußtseinshaltung der Beteiligten – hebe ich deshalb so hervor, weil oft Reiki-Schüler in die Seminare kommen, die von zwiespältigen Erlebnissen, unklaren Vorstellungen und mangelnder eigener Erfahrung bei Reiki-Einweihungen oder -Einstimmungen berichten, die sie bei diesen oder jenen Schulen und Lehrern erhalten haben.

Eine Gitarre, ein Klavier oder eine Violine müssen wir von Zeit zu Zeit neu stimmen, damit sie harmonische, wohltuende Töne erklingen lassen. Ein ungestimmtes Musikinstrument läßt Mißklänge hören, die uns Menschen disharmonisch stimmen.

Nehmen wir an, Sie möchten Musik hören. Dann müssen Sie zuerst das Radio einschalten, dann einen Senderbereich – UKW oder Mittelwelle – wählen, und schließlich müssen Sie den Sender suchen und feineinstellen, der die von Ihnen gewünschte Musik spielt.

Zwei Beispiele aus unserem Alltag, wie wir ganz natürlich mit Einstimmungen umgehen, um einem Klangkörper die in ihm verborgenen harmonischen Töne zu entlocken oder ein elektronisches Gerät darauf einzustellen, daß es von einem weit entfernten Sender bestimmte Signale empfängt.

Im Reiki-System geht es ebenfalls darum, daß wir uns auf die universelle Lebensenergie einstellen oder einstimmen. Zunächst müssen wir uns ihr zuwenden. Nach dem ersten Kontakt erfolgen «Feineinstellungen». Nachdem wir das erfahren haben, wissen wir von diesem Zeitpunkt an, wie, wo und wann wir uns immer wieder auf die Reikikraft einstellen können.

Da Reiki die göttliche Urkraft, die universelle Lebensenergie, ist, hilft es uns, unser eigenes, wunderbares Instrument – unser wahres Selbst – wieder richtig zu stimmen. Unser eigenes Instrument ist geboren aus der Ganzheit all unserer Körper. Es ist wichtiger denn je, besonders zu Beginn des Wassermannzeitalters, unser eigenes Wesen, unser wahres Selbst neu zu stimmen, damit wir die Melodie wiederfinden, nach der wir geschaffen sind. Oft genug erscheint uns die Welt deshalb stumm, weil in Wirklichkeit wir selbst taub geworden sind.

Weil wir Menschen unsere eigene Lichtnatur ignorierten oder sie gar ablehnten bzw. uns von ihr absonderten (Absonderung = Sünde), hielten Kummer und Leid, Dissonanz und Schmerz Einzug in unserem Leben. Indem wir uns wieder ganz bewußt werden, wer wir wirklich sind – nämlich manifestierte göttliche Lichtenergie –, indem wir uns unseres eigenen inneren Lichtkörpers bewußt werden und seine Schwingung durch die Reiki-Einstimmung und spätere regelmäßige Anwendung anheben, ist wirkliches ganzheitliches Heilwerden aus höchster Sicht möglich, jedoch immer nur in Übereinstimmung mit dem göttlichen Plan unserer Seele.

Nur mit dem Ego, nur mit dem Verstand oder nur mit Gefühlen erreichen wir wenig. Erst, wenn wir Herz und Seele für die überpersönliche schöpferische Kraft in uns öffnen und gleichzeitig das «Dein Wille geschehe» annehmen, erfahren wir unsere Lichtnatur wieder. Dann kann sich unser Lichtkörper verwirklichen, und wir erlangen auf allen Ebenen unseres Seins natürliche Heilung und Ganzheit.

So stimmen wir uns immer feiner auf unser wahres Potential und unsere höchste Bestimmung ein. Durch die Reiki-Einstimmungen kommen wir in unmittelbaren Kontakt mit der universellen Lichtenergie.

Die Einstimmung für den 1. Grad findet im Rahmen eines zwei- oder dreitägigen Kurses statt. Im 1. Grad gibt es insgesamt vier Energieeinstimmungen, die auf zwei Tage verteilt werden. Die TeilnehmerInnen lernen mögliche Handpositionen zur Selbst- und Fremdanwendung und die geistigen Gesetzmäßigkeiten kennen, die unser Leben bestimmen.

Die 1. Einstimmung öffnet uns für die Ebene der universellen Lichtenergie. Die 2. und 3. Einstimmung stellen «Feineinstellungen» für diese Energie dar. Erst mit der 4. Einstimmung wird unser «Klangkörper» dauerhaft in der Frequenz der Reiki-Energie schwingen.

Die SchülerInnen des Reiki Zentrum Allgäu berichten nach den Reiki-Einstimmungen zum 1. Grad häufig von Lichterlebnissen, «Kribbeln» auf dem Kopf oder im Körper, von Wärmegefühlen in den Händen und Fingerspitzen, einem warmen Strom entlang der Wirbelsäule bis hinunter in die Zehenspitzen. Manche sehen auch Blumen sowie Bilder, die nicht nur irdischen Ursprungs zu sein scheinen. Andere sehen «Filme» aus ihrem bisherigen früheren Leben, die jetzt für sie von Bedeutung sind, oder haben «Aha-Erlebnisse», durch die ihnen ein Licht aufgeht über ihre jetzige Situation. Wieder andere spüren oder sehen nichts Konkretes, sondern fühlen sich rundum wohl und tief innen «berührt». Die zahlreichen Lichterfahrungen bei unseren Einstimmungen sind für alle Anwesenden besonders beglückend.

Beim 2. Grad gibt es normalerweise eine Energieeinstimmung. Ich führe allerdings am zweiten Tag gern eine Wiederholung der gleichen Energieeinstimmung durch, weil die Menschen dies als eine willkommene Vertiefung und als Höhepunkt des zweitägigen Kurses empfinden. In diesem Reiki-II-Kurs mache ich die Teilnehmer intensiv mit den Reiki-Symbolen – und deren Bedeutung! – vertraut, sie erlernen das Senden von Lichtenergie über Raum und Zeit anhand vieler praktischer Übungen, wir üben die Reiki-Anwendung zur Harmonisierung und Umwandlung von Energieblockaden im emotional-mentalen Bereich mittels einer speziellen Handposition.

Ein typisches Merkmal der Einstimmung in den 2. Grad ist, daß unter anderem die Kraftzentren in den Handflächen, die Handchakras also, stark aktiviert werden. Nach der Einstimmung in den 1. Grad ist bei Reiki-Anwendungen allgemeine Wärme und Energie in der ganzen Hand zu spüren. Nach der Einstimmung zum 2. Grad strahlen die Handchakras die Lichtenergie jedoch sehr viel wärmer, intensiver, stärker und gebündelter aus. Das empfinden die meisten Schüler auch so. Dazu kommt die Erfahrung von Wärmegefühl auf dem Kopf und ab und zu auch ein «Energiekribbeln», das von den Händen die Arme bis zu den Schultern hinaufzieht. Es gibt auch wieder etliche Lichterlebnisse und häufig ausgeprägte Empfindungen von Entspannung und Harmonie.

Manche Menschen erleben «mehr» bei der Einstimmung zum 1. Grad, manche beim 2. Grad – das ist individuell unterschiedlich und völlig einzigartig.

Es ist in Ausnahmefällen jedoch auch möglich, daß Menschen wenig oder nichts spüren – sie haben dann die Empfindung, daß «etwas» auf inneren Ebenen geschehen ist, was sie nicht haben bewußt nachvollziehen können.

Die Einstimmung zum 3. Grad kann vor allem das Bewußtsein des All-Eins-Seins unmittelbar erlebbar machen.

Nochmals möchte ich betonen, daß sogenannte «Erlebnisse» bei den Einstimmungsvorgängen kein Gradmesser dafür sind, ob Du richtig oder falsch, vollständig oder unvollständig, korrekt oder mangelhaft eingestimmt worden bist. Auch das Erspüren von mehr oder weniger Wärme in den Händen oder ein markantes oder nur undeutliches Kribbelgefühl ist kein Maßstab für die Güte der Einstimmung.

Eine Einstimmung, die im rechten Bewußtsein vollständig ausgeführt wurde, besteht aus vier Einstimmungen zum 1. Grad, einer Einstimmung zum 2. Grad und einer weiteren Einstimmung zum 3. Grad. Sie ist auch dann voll wirksam, wenn Du glaubst, nichts gespürt, gefühlt oder empfunden zu haben.

Jede rechte Einstimmung in Reiki ist eine bewußte Ausrichtung auf das Licht und die Liebe der unendlichen, allgegenwärtigen, allmächtigen Schöpfungsquelle, die unser Leben und Wesen wirklich nährt.

Diese Ausrichtung auf diesen Aspekt schenkt uns die Einladung, immer wieder und dauerhaft mit der göttlichen Quelle unserer Essenz verbunden zu sein und zu bleiben. Man könnte die Einstimmung in Reiki in dieser Hinsicht als eine Art «Taufe» bezeichnen.

Die Abfolge von Reiki-Symbolen und deren Wortklängen, «Mantren», setzen unsere Energiebahnen und Energiezentren, die Meridiane und die Chakren, in eine bestimmte Schwingung. Damit wirkt die Einstimmung oder Einweihung wie eine Initialzündung, die eigenen Heilkräfte wieder zu aktivieren und zu nutzen. Das sollte selbstverständlich auch einen Bewußtseinsprozeß auslösen. Wenn dieser Prozeß der Bewußtseinsöffnung und -entwicklung nicht stattfindet, ist die Einstimmung nach meiner langjährigen Erfahrung noch nicht vollständig und nicht voll wirksam. Die Aufgabe eines Reikilehrers liegt darin, diesen Bewußtseinsprozeß anzustoßen und ihn als einen wesentlichen Teil der Einstimmung oder Einweihung in das Reiki-System anzunehmen und zu begleiten, auch über das Seminar hinaus, in den folgenden Tagen, Wochen und Monaten.

Im Reiki Zentrum Allgäu halten wir es so, daß wir den Aspiranten für die Einstimmungen vorher wichtige Hinweise zum Ablauf geben, um jeden Anschein von Mystifizierung zu vermeiden und damit die Schüler auch offener und ausgeglichener an die Einstimmung herangehen können. Je mehr an äußeren Informationen vorher bekannt ist, desto besser kann sich ein Mensch auf das Erleben innerer Ebenen und Bewußtseinsprozesse einlassen.

Ohne sich an Formen zu klammern, sollten wir die Einstimmung als einen «heiligen Moment» betrachten, der unsere ungeteilte Aufmerksamkeit verdient. In dieser Zeit stellen sich Lehrer und Schüler energetisch ganz darauf ein, die universelle Reiki-Energie aufzunehmen.

Jeder Reiki-Interessent, aber auch jede bereits zu einem Kurs angemeldete Person, kann sich bei uns nach dem Informationsabend am Beginn des Kurses frei entscheiden, ob er oder sie wirklich in das Reiki-System eingestimmt werden möchte. Selbstverständlich ist der Informationsabend kostenlos und verpflichtet Dich zu nichts.

Ich wünsche jedem Reiki-Interessenten von Herzen, daß Du Deine Einstimmung als eine einzigartige Möglichkeit erfährst, Dich mit der göttlichen Kraft zu verbinden. Mögest Du durch das Tor zum universellen Licht treten, das Dich in Deinem Sein jederzeit begleitet, nährt, erhält, schützt und führt.

II. Teil

Die Praxis von Reiki

«Gott ist in allen Menschen.
Aber nicht alle Menschen sind in Gott.
Dies ist die Ursache, warum sie leiden.»

Ramakrishna

5. Reiki im 1. Grad

Einführung

Der 1. Reiki-Grad dient dazu, auf die universelle Lichtenergie zum ersten Mal bewußt eingestimmt zu werden. Durch die tägliche Anwendung der Reikikraft bleiben wir in ständiger Verbindung mit dieser Schwingung und vertiefen unsere Erfahrungen. Die Anwendung im 1. Grad vollzieht sich nur über Handauflegen, noch nicht über die Anwendung von Symbolen.

Natürlich bedeutet die Anwendung der Reiki-Kraft im 1. Grad auch eine energetische, mentale und geistige Vorbereitung für die Menschen, die sich weiter im Reiki ausbilden lassen möchten.

Die Reiki-Einstimmung in den 1. Grad verändert bereits unsere Schwingung und die geistige Ausrichtung auf unser Leben und unsere Aufgaben in schöpferischer Weise.

Die Einstimmung in den 1. Reiki-Grad besteht aus vier Einzeleinstimmungen, jeweils zwei an zwei aufeinanderfolgenden Tagen, die zusammen die vollständige Einstimmung in den 1. Grad darstellen.

Die Reikikraft fließt von oben über das Scheitelzentrum die Wirbelsäule bis zum Herzzentrum hinunter, sammelt sich dort und wird dann über die Arme zu den Händen weitergeleitet. So kann Reiki über die Hände ausströmen und ausstrahlen, aber auch, falls Du Deine Hände nicht benutzen kannst, über die Füße.

Reiki-Energie fließt immer dann, wenn wir die Hände im Bewußtsein auflegen, «Dein Wille geschehe». Das ist übrigens das Schwierigste im Reiki – und wohl auch sonst im Leben. Wir können die Hände auf uns selbst auflegen, auf andere Menschen, auf Tiere und Pflanzen, auf Steine und wirklich auf alle Dinge in der Schöpfung.

Eigenanwendung und Fremdanwendung durch Handauflegen

Im 1. Grad wenden wir Reiki für uns selbst an, können es aber bereits auch ohne die Symbole zu kennen für andere Menschen nutzen. Das geschieht in beiden Fällen durch das Auflegen der Hände. Es ist günstig, die Hände sanft, leicht, liebevoll und muschelförmig, nicht aber starr, kalt, mit Druck oder «technisch» aufzulegen. Zu den Handpositionen findest Du nähere Informationen weiter unten.

Mir liegt sehr daran, immer wieder eindringlich darauf hinzuweisen, daß die rechte Einstellung nach meiner Erfahrung die Grundbedingung zur Ausübung von Reiki ist. Zur rechten Einstellung gehört das oben schon zitierte «Dein Wille geschehe» sowie die Erkenntnis, daß es bei Reiki in erster Linie um Prozesse der Bewußtwerdung auf den verschiedenen Ebenen des menschlichen Seins geht, nicht aber um Wunderheilung oder mechanisch wirksame Techniken.

Immer wieder werde ich von anderen Reiki-Anwendern, besonders in öffentlichen Vorträgen, gefragt, warum sie sich nach manchen Behandlungen irgendwie schlecht fühlen, matt, angespannt, müde oder belastet. Das ist aus der Beobachtung in der Reiki-Praxis meist darauf zurückzuführen, daß der Anwender sich eben nicht darauf eingelassen hatte, daß die Reiki-Energie so fließt und wirkt, wie es dem göttlichen Plan entspricht. Statt dessen hat der Betreffende den Wunsch gehegt, daß er helfen möchte, daß die Kopfschmerzen oder was sonst durch die Reiki-Anwendung verschwinden möchten, und so fort.

Wenn wir jedoch nicht wirklich offener und reiner Kanal sind, wenn wir doch noch Ego-Wünsche – seien sie noch so idealistisch motiviert – mit Reiki verbinden, kann die Reiki-Energie aus der großen Quelle der schöpferischen Kraft gar nicht fließen, sondern statt dessen wirken wir über und mit Persönlichkeitskräften. Das führt dann zwangsläufig dazu, daß unsere eher schwache Batterie schnell leer ist.

Mir liegt auch am Herzen, darauf hinzuweisen, daß wir Reiki für andere nur dann anwenden sollten, wenn wir von dem betreffenden Menschen darum gebeten worden sind. Geht es denn bei Reiki nicht in erster Linie darum, Dich selbst zu erkennen und zu verwirklichen, um dann durch unser eigenes Beispiel den Menschen Hoffnung und Mut zu geben, ohne den Anschein zu erwecken, sie missionieren zu wollen? Es heißt ja schon im Orakelspruch zu Delphi:

Mensch, erkenne Dich selbst,
dann erkennst Du Gott.

Die Handpositionen im nächsten Abschnitt sind Hilfestellungen zur Selbst- und Fremdbehandlung. Denke daran, daß Du jederzeit im Alltag – beim Fernsehen, im Zug, beim Telefonieren... – Deine Hände immer wieder bewußt auflegen kannst.

Die Handpositionen bei der Eigenanwendung

Es gibt in der klassischen Reikilehre vier Kopf-, vier Front- und vier Rückenpositionen zur Anwendung im 1. Grad. Ich schlage zwei weitere Positionen vor, nämlich an den Knien und den Füßen. Halte Dich am besten nicht an ein festgelegtes System, auch nicht, wenn es als «offiziell» bezeichnet wird, sondern lege die Hände überall dort auf, wo du spürst, daß es notwendig und hilfreich ist.

Du mußt die Hände nicht direkt auflegen, sondern kannst die Hände auch dicht über der entsprechenden Körperzone halten. Das ist zum Beispiel bei Menschen zu empfehlen, denen die direkte Körperwärme unangenehm wäre, oder wenn es aus medizinischen Gründen gar nicht anders geht (offene Wunden usw.). Verweile etwa drei Minuten bei jeder Position. Lege Dir eventuell eine harmonische, entspannende Musik auf, bei der alle drei Minuten ein Glöckchen Dich daran erinnert, die Handposition zu wechseln. Musikvorschläge für Reikibehandlungen findest Du im Anhang.

Kopfpositionen

1. Hände auf oder vor das Gesicht: Gesicht und Augen entspannen sich, Verkrampfungen können sich lösen.

2. Hände muschelförmig auf oder dicht an den Ohren: Über die Reflexzonenpunkte im Ohr sprechen wir energetisch bereits den gesamten Organismus an.

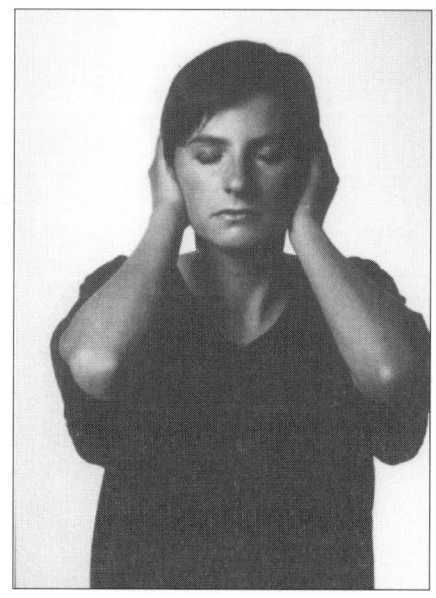

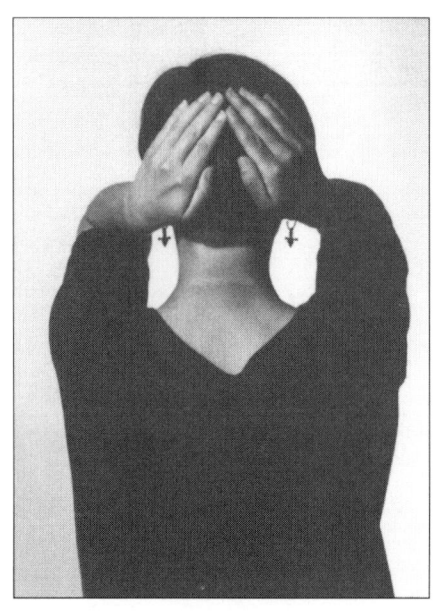

3. Hände auf oder dicht um den Hinterkopf: Damit strahlen wir Reiki-Energie auf wichtige Zonen im Gehirn und auf das verlängerte Rückenmark.

4. Hände auf oder dicht am Hals (bei Gefühl von Einengung oder Druck Hände *nicht* direkt auflegen): So sprechen wir die Schilddrüse und das Zentrum der Kommunikation an. Bei Blockaden an diesem Ort hat es sich bewährt, daß Du hellblaues Licht visualisierst und es mit dem Einatmen einströmen läßt.

Frontpositionen

5. Hände liegen auf oder dicht über Brustbein und Herzzentrum: Damit strahlst Du Reiki-Energie zur Thymusdrüse und aktivierst das Herzzentrum.

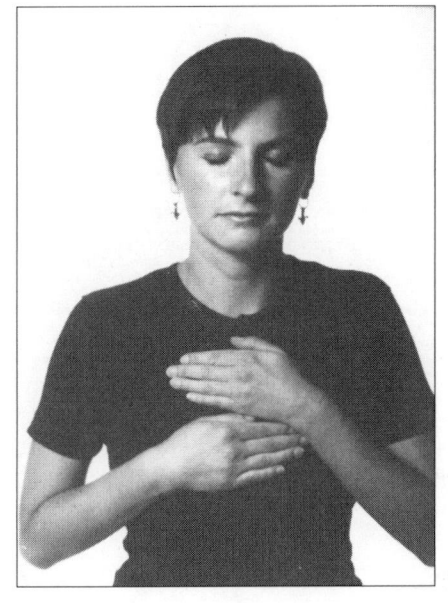

6. Hände liegen links und rechts unterhalb des Rippenbogens: Reiki-Energie fließt zu Leber, Bauchspeicheldrüse und Milz.

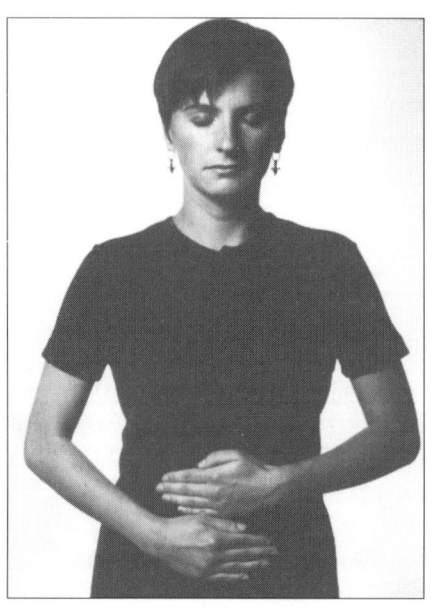

7. Eine Hand liegt auf oder dicht über dem Bauchnabel, die andere darunter auf oder dicht über dem Unterbauch: Diese Handposition harmonisiert Dein Verdauungssystem. Sie ist allen Menschen auch im Alltag zu empfehlen, die Verspannungen oder Blokkaden im Bauchbereich haben, zum Beispiel auch vor und nach dem Essen.

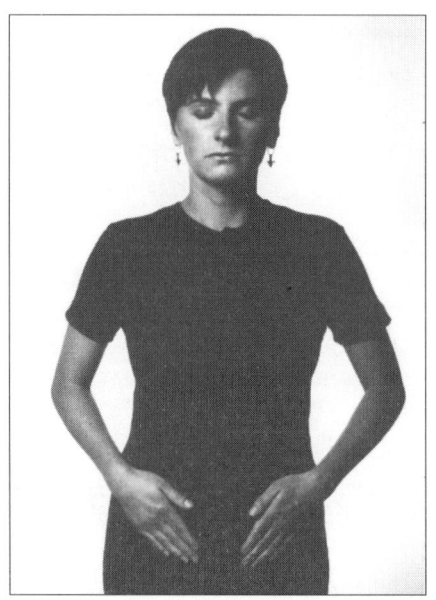

8. Die Hände liegen auf oder dicht über den Leistenbeugen: Damit lenkst Du Reiki-Energie reflektorisch in die Keimdrüsen und die Sexualorgane. Diese Position ist auch bei Menstruations- sowie Prostatabeschwerden zu empfehlen.

Rückenpositionen

9. Die Hände liegen auf den Schultern, nur soweit, wie Du das wirklich ganz entspannt machen kannst: Das hilft, die Alltagsprobleme, die sich in Form von Verhärtungen im Schultergürtel «ablagern», zu entspannen. Du kannst in diesem Fall die Hände auch leicht massierend einsetzen.

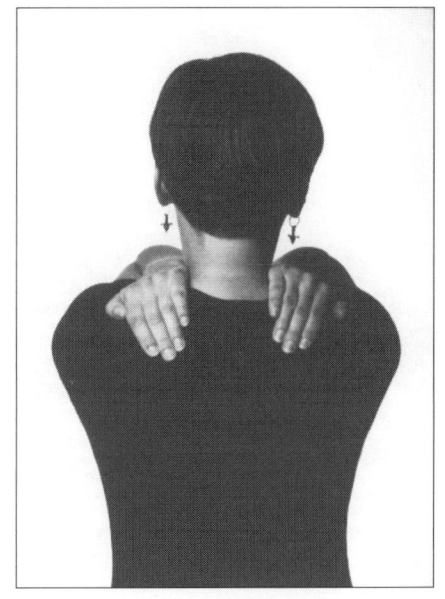

10. Beide Hände – oder einzeln nacheinander, wenn Dir das körperlich leichter fällt – auf oder dicht über den unteren Rippenbereich (Lungenspitzen) legen: Das hilft oft, die Atmung bis in die Tiefe der Lungen zu befreien.

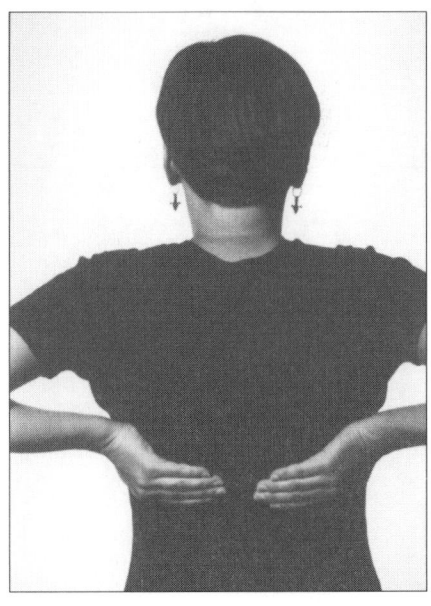

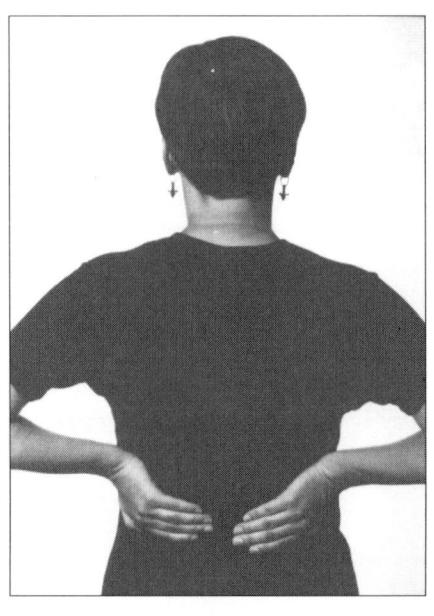

11. Beide Hände in den Nierenzonen, auf oder dicht über die Taille legen: Damit fließt Reiki-Energie in die Nierenpole, was u.a. zur Förderung der Ausscheidung beiträgt, sich aber auch bei Beziehungsproblemen bewährt hat. (Es kann sein, daß der Harn danach zeitweise dunkler und auch stark riechend wird, was ein Zeichen vermehrter Ausscheidung ist.)

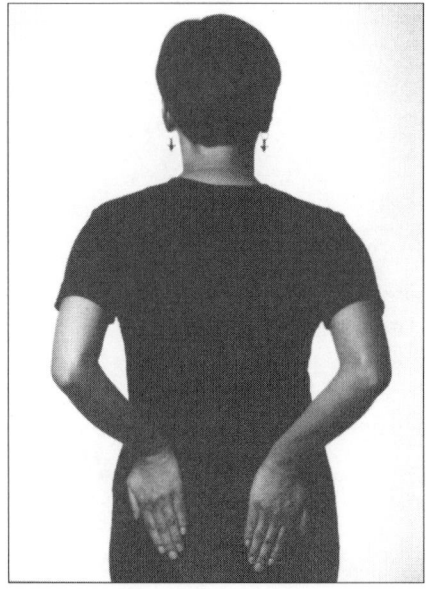

12.a Beide Hände liegen auf oder dicht über dem Gesäß.

12.b Eine Hand liegt auf oder dicht über dem Kreuzbein, die andere auf oder dicht über dem Steißbein: Beide Positionen, 12.a und 12.b, lassen Reiki-Energie in den unteren Rückenbereich fließen. Besonders 12.b «erdet» gut!

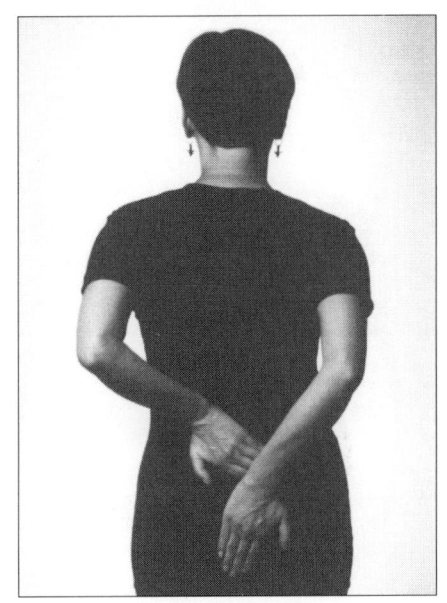

Weitere Handpositionen

13. Hände liegen muschelförmig auf oder dicht über bzw. um die Knie; das geht am besten im Sitzen: Damit lenkst Du Reiki-Energie an Zonen, wo nach meiner Praxiserfahrung häufig Schockerlebnisse energetisch abgelagert sind.

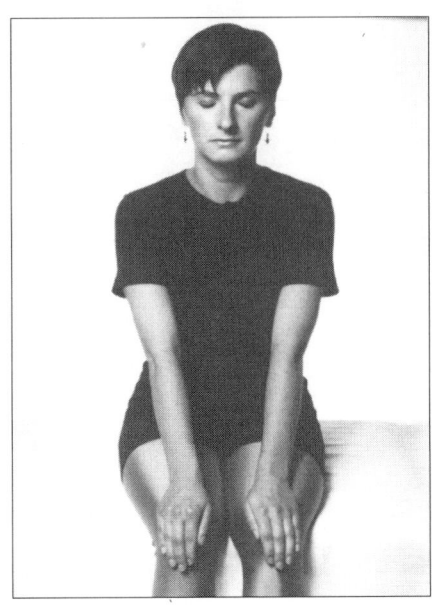

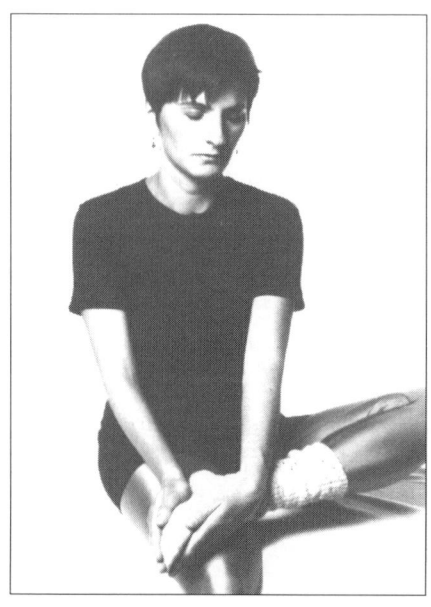

14. Beide Hände umschließen nacheinander die Füße so, daß die Finger parallel zu den Zehen sind: So erreichst Du, daß Reiki die vielen Reflexzonenpunkte in den Füßen energetisch aktiviert und zum Abschluß der Reiki-Anwendung der gesamte Organismus noch einmal angesprochen wird.

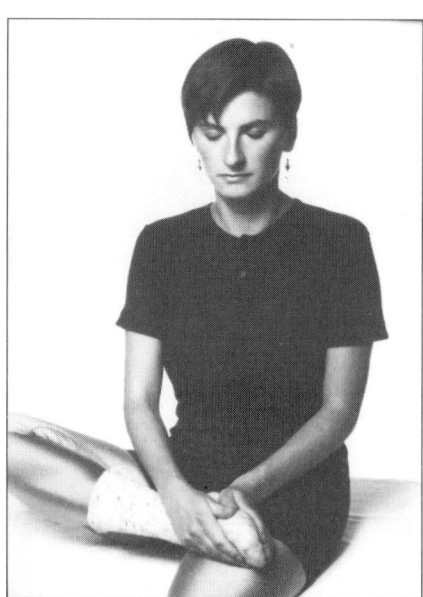

Lasse Dir am Ende dieser Reiki-Eigenbehandlung noch ein wenig Zeit zu spüren, was mit und in Dir geschehen ist. Dann komme langsam wieder in das Tagesbewußtsein zurück und trinke ein oder zwei Glas Wasser oder Früchte- beziehungsweise Kräutertee (um die Ausscheidungsreaktionen zu erleichtern).

Reiki-Anwendung zur raschen Linderung von Streß

In unserer hektischen Zeit haben wir häufig nicht die Zeit für eine Ganzbehandlung, die etwa eine Stunde dauert. Besonders in Situationen, in denen wir uns angespannt oder überfordert fühlen, in denen wir nervös werden oder die Übersicht verlieren, bewährt sich die Anwendung der Reiki-Kraft jedoch besonders. Dazu habe ich eine Übung entwickelt, in der wir mit vier speziellen Handpositionen rasch wieder ins energetische Gleichgewicht gelangen. Bleibe bei jeder der folgenden vier Handpositionen solange, wie Du es als angenehm empfindest. Es wäre gut, wenn Du jeweils drei Minuten für jede Handposition einsetzen könntest. Es wäre aber auf jeden Fall besser, wenigstens eine Minute einzusetzen, als auf Reiki ganz zu verzichten.

1. Lege eine Hand auf den Solarplexus, oberhalb des Bauchnabels, die andere Hand darunter, auf den Unterbauch (Hara und Sakralzentrum): Das bewirkt, daß Du Anspannungen im Sonnengeflecht, am «Sitz des Emotionalkörpers», besser lösen kannst und Dir Deiner Kraft aus dem Unterbauch bewußter wirst.

2. Lege danach eine Hand auf den Oberteil des Brustbeins, die andere darunter auf das Herzzentrum: Damit erinnerst Du Dich wieder mehr an die in Dir angelegte überpersönliche Liebe und kommst so eher aus momentanen Emotionen heraus und gelangst näher an Deine innere Wahrheit.

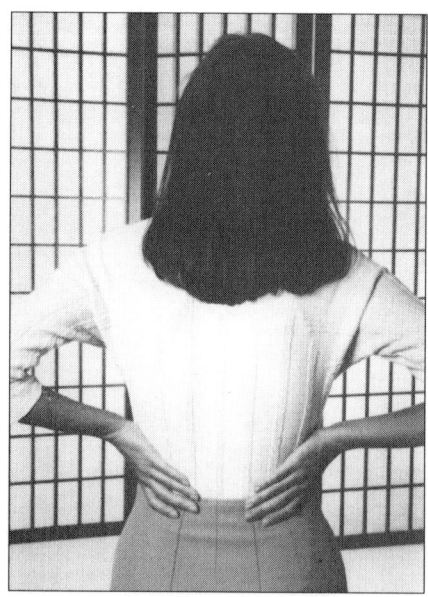

3. Lege Deine Hände auf die Zone von Nieren und Nebennieren: Das hilft Dir, die hormonelle Funktion der Nebennieren zu unterstützen (die den Streßfaktor Adrenalin ausschütten) und die Ausscheidung über die Nieren zu fördern.

4. Eine Hand legst Du auf die Stirn, die andere Hand um bzw. an den Hinterkopf, so, daß die Hand vom Haaransatz aufwärts den Hinterkopf wie schützend umschließt: Das sorgt für ein vermehrtes Gleichgewicht zwischen den Gehirnhälften, zwischen Fühlen und Denken.

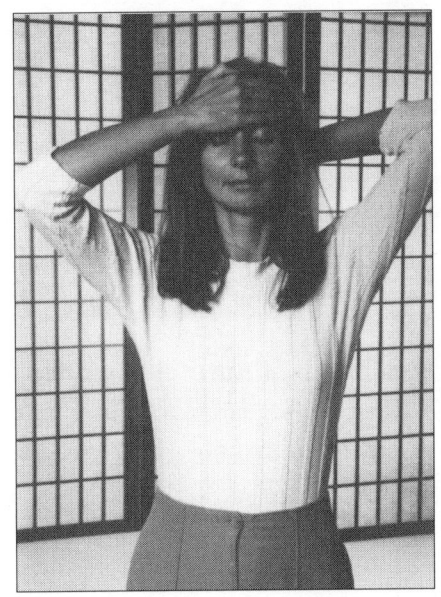

Der siebenarmige Leuchter

Diese Übung verbindet Reiki mit Chakraarbeit. Die Reiki-technik des «siebenarmigen Leuchters» ist geeignet, die Chakras zu harmonisieren. Du weißt sicher, daß die Chakras feinstoffli-che Energiezentren oder «Energiespiralen» sind. Sie liegen im Feinstoffkörper, finden ihre Entsprechungen jedoch nach An-sicht vieler Menschen in den endokrinen Drüsen. Chakras dienen als Schaltstellen, um höhere geistige Lebenskräfte so um-zuwandeln, daß wir ihre Impulse sowohl auf der Bewußtseins-ebene als auch auf der psychosomatischen und organischen Ebene aufnehmen können. Es handelt sich um die Öffnung und Übertragung von höheren geistigen Kräften der Entwicklung und Harmonie auf unsere irdische Lebensform.

Beim siebenarmigen Leuchter sehen wir ein Licht in der Mitte und drei Lichter links und rechts davon. Dabei besteht jeweils eine besondere Beziehung zwischen zwei Lichtpaaren, dem links und rechts von dem Licht in der Mitte, dem nächsten Kerzenpaar und den beiden ganz außen befindlichen Lichtern. Wir finden eine Entsprechung dazu in den sieben Chakras, wobei das Herzchakra, das Zentrum der überpersönlichen Liebe, sich in der Mitte der sieben Kraftzentren befindet.

- Scheitelzentrum: Kosmische Inspiration
- Drittes Auge: Sitz der Intuition, höheres Bewußtsein
- Kehlkopfchakra: Klarheit der Kommunikation in Gefühlen und Gedanken
- Herzzentrum: Überpersönliche, schöpferische Liebe
- Sonnengeflecht (Solarplexus): Persönliche Gefühle und Wünsche
- Sakralchakra: Persönliche Schöpfungskraft
- Wurzelchakra: Persönlicher (Über-)Lebenswille

Es gibt durchaus unterschiedliche Auffassungen über Anzahl, Funktion und Lage der Chakras. Ich lade dazu ein, diese Darstellung einmal probeweise anzunehmen und mit der Übung praktisch zu arbeiten.

Übung zum siebenarmigen Leuchter

Wir legen die Hände auf jede Position etwa drei Minuten lang oder solange, wie es einem angenehm ist. Man kann diese Übung sowohl im Sitzen wie im Liegen durchführen. Ich empfehle, sie morgens vor dem Aufstehen zu machen, um ganz erfrischt in den neuen Tag hineinzugehen, und abends vor dem Einschlafen, um vom Alltag loszulassen und sich wirklich tief zu entspannen.

1. Zu Beginn legen wir beide Hände auf das Herzzentrum, so daß eine Hand auf dem oberen und die andere Hand auf dem unteren Teil des Brustbeins ruht. Das Herzchakra ist das Zentrum, in dem wir das Eins-Sein mit der Schöpfung, die Einheit mit allem, erfahren können. (Es ist gleich, wo Du Deine linke oder Deine rechte Hand hältst.)

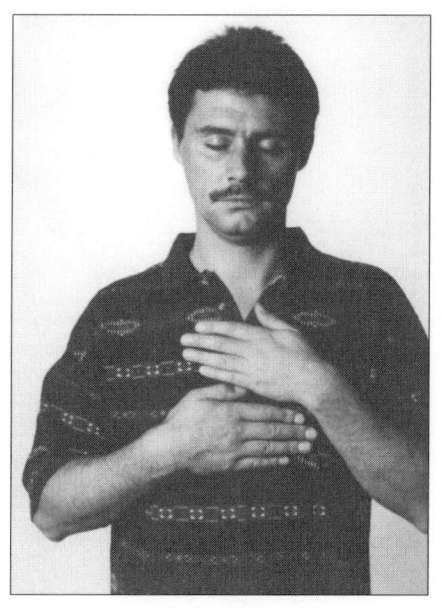

2. Dann legen wir eine Hand auf unser Halszentrum, also rund um den Kehlkopf herum, und die andere Hand auf den Solarplexus. Wir gehen jetzt aus der Einheit heraus, um unsere Gefühle und Wünsche wahrzunehmen und zu lernen, sie klar zu äußern.

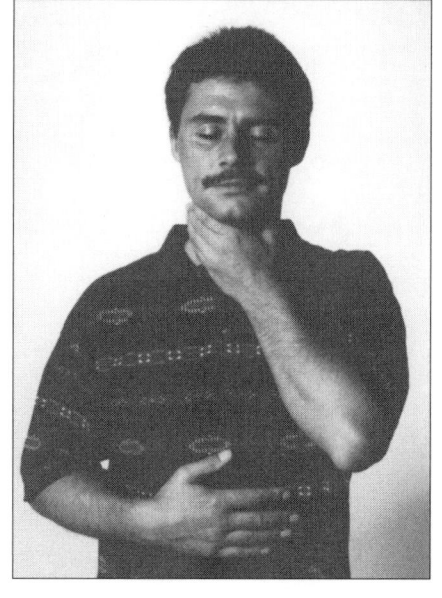

3. Als nächstes legen wir die untere Hand auf das Sakral-Zentrum, etwa eine Handbreit unter dem Bauchnabel, die obere Hand auf die Stirn, und lassen die Reikikraft in beide Zentren fließen. So werden wir uns der Schöpferkraft auf der irdischen und der geistigen Ebene immer bewußter.

4. Danach legen wir die untere Hand entweder unter das Steißbein oder auf den Damm (Wurzelchakra), die obere Hand wird auf das Scheitelzentrum (Fontanelle) gelegt. Damit schaffen wir eine Verbindung zwischen Materie und Geist.

Nun gehen wir mit den Händen in der umgekehrten Richtung wieder zurück, indem wir...

5. Die untere Hand vom Wurzelchakra jetzt auf die Stirn, auf das Zentrum des dritten Auges, und die obere Hand vom Scheitelzentrum auf das Sakralzentrum legen. So nehmen wir den irdischen Aspekt mit in das höhere Bewußtsein hinein, und der Geist strömt in die persönliche Schöpferkraft.

6. Mit der oberen Hand gehen wir auf das Kehlkopfzentrum, mit der unteren auf den Solarplexus. So öffnen wir uns dafür, daß unsere emotionalen Empfindungen einen Ausdruck finden und wir mit ihnen sozusagen in Kommunikation treten können.

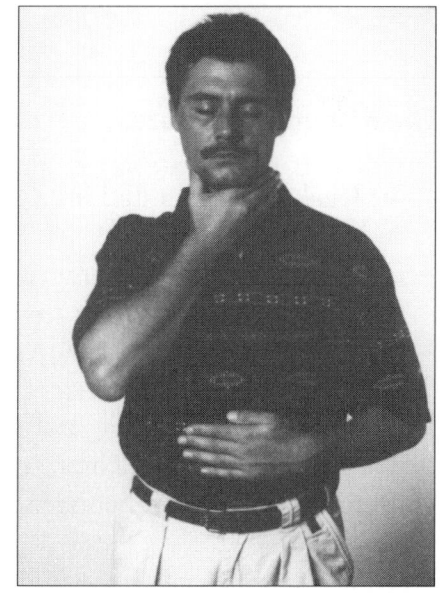

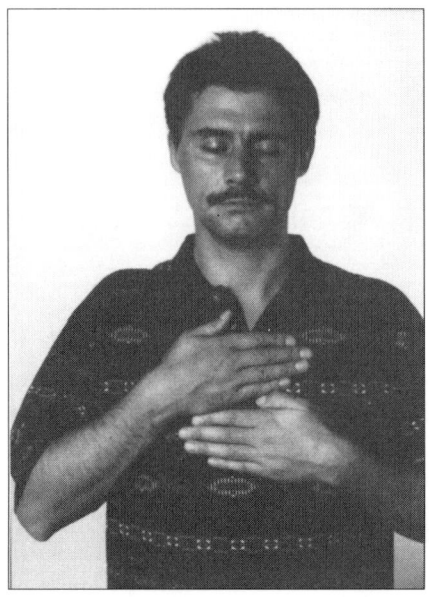

7. Zum Abschluß der Übung nehmen wir beide Hände wieder auf das Herzzentrum. Wir spüren in uns hinein, ob und was sich im Verlauf der Übung verändert hat. Wir begeben uns also wieder bewußt in die Einheit mit allem Sein, in das Zentrum unserer überpersönlichen Liebe.

Diese Übung dient dazu,

– die Chakren einzeln und im Zusammenwirken untereinander zu harmonisieren,
– die universelle Lebensenergie in uns zu verstärken,
– psychosomatische Heilung zu fördern,
– spirituelle Entwicklung anzuregen.

Insgesamt wirkt die Übung tief entspannend, beruhigend, wir fühlen uns leichter und lichter, frischer und bewußter. Und wer von uns könnte das im heutigen täglichen Leben nicht gut gebrauchen!

Zusätzliche Handpositionen bei der Fremdanwendung

Es hat sich bewährt, vor jeder Anwendung von Reiki für andere Menschen auf einige Punkte besonders zu achten. Dazu gehört, daß wir eine liebevolle, entspannte und harmonische Atmosphäre schaffen, in der wir ungestört sind von Aktivitäten anderer Familienmitglieder, Bürobesucher usw. In einem kurzen Vorgespräch können wir den anderen Menschen einstimmen auf das, was wir innerlich und äußerlich tun werden, damit er die Scheu verliert und sich mental vorbereitet weiß. Er soll ausdrücklich dazu aufgefordert werden, uns jederzeit Rückmeldungen zu geben, ob ihm etwas behagt oder nicht oder falls er Fragen hat. Die Reiki-Anwendung kann sowohl im Liegen wie im Sitzen durchgeführt werden, je nach Vorliebe des anderen Menschen. Wir sollten uns natürlich die Hände gewaschen haben.

Zur Anwendung von Reiki für andere Menschen kommen alle vierzehn weiter oben genannten Handpositionen in Frage. Lediglich bei der Position 12.b bedarf es oft einer ausdrücklichen «Erlaubnis» des anderen Menschen. Falls es sich beim Reiki-Anwender und dem Empfangenden um zwei Menschen unterschiedlichen Geschlechts handelt, empfehle ich dringend, diese Handposition nur im Feinstoffkörper zu machen, also ohne direkten Körperkontakt. Zusätzlich zu den Positionen für die Eigenanwendung empfehle ich folgende *Positionen zur Fremdanwendung.*

Gehe vor der Anwendung in die Stille, stelle Dich darauf ein, daß Du alles geschehen läßt, ohne Eigenwillen. Wenn Du magst, kannst Du Dich auch mit einem kurzen Gebet tiefer einstimmen.

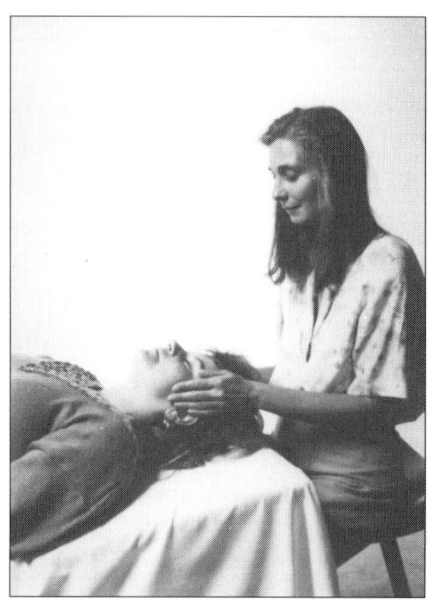

Beginne in der Regel mit den vier üblichen Kopfpositionen; zusätzlich kannst Du die folgenden beiden anwenden:

Lege Deine Hände sanft auf beide Schläfen; das wird stark entspannen und Verkrampfungen im Kieferbereich lösen helfen.

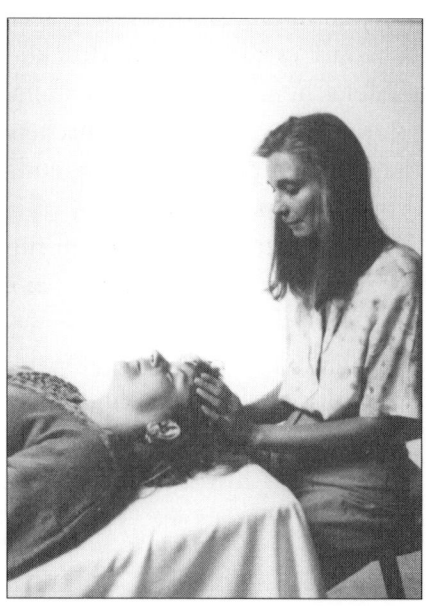

Lege Deine Hände auf das Haupt, rechts und links vom Scheitel; das empfinden die meisten Menschen ebenfalls als sehr entspannend. (Wenn sich ein Druckgefühl einstellen sollte, leg die Hände nicht direkt auf, sondern halte sie über dem Haupt.)

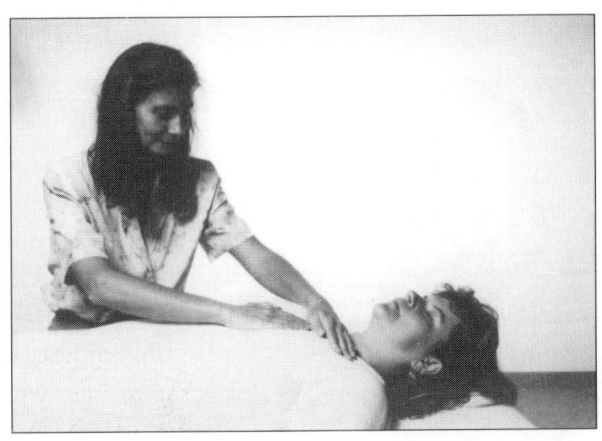

Zusätzliche Frontpositionen:

Bei der Fremdanwendung der Herzposition legen wir die beiden Hände nicht parallel zueinander, sondern in T-Position auf.

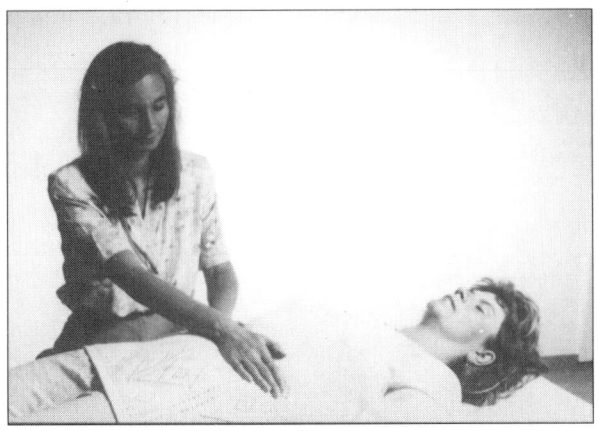

Lege beide Hände rechts und links vom Bauchnabel auf; damit decken wir den gesamten Oberbauch ab.

Zusätzliche Beinpositionen:

Lege Deine Hände links und rechts auf die Außenseiten der Fußknöchel; Knöchel und Gelenke stehen generell für Richtungsänderungen; wir helfen damit, neue Entwicklungen anzunehmen.

In Veränderung der Fußposition bei der Eigenanwendung legst Du nun beide Hände oben auf den Spann der beiden Füße; damit erreichen wir die oben liegenden Reflexzonenpunkte.

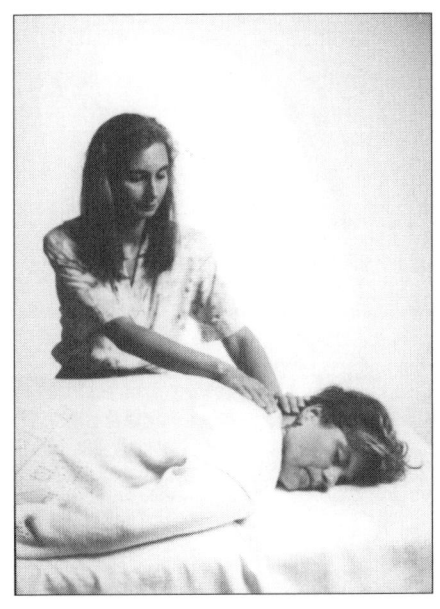

Zusätzliche Rückenpositionen (bitte den Empfänger, sich auf den Bauch umzudrehen, falls er liegt und nicht sitzt):

Lege eine Hand auf den Hals und die andere auf den Nacken; das energetisiert das Kehlkopfzentrum und entspannt die Halswirbel.

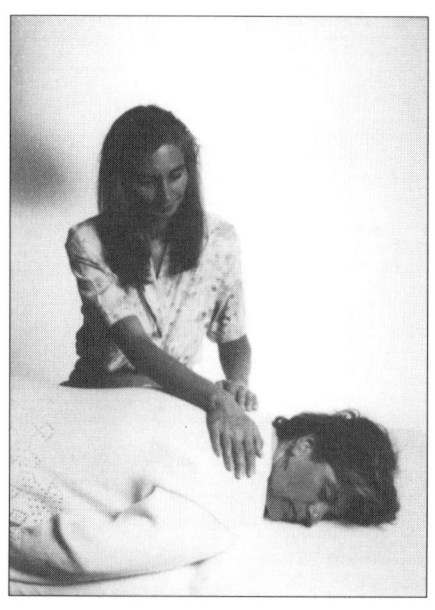

Lege nun nacheinander beide Hände von oben beginnend auf die Schultern, auf die Schulterblätter, auf den Rücken, auf die Lendenwirbel, auf das Kreuzbein, auf das Gesäß – laß Dir dafür Zeit, weil man bei der Eigenanwendung an diese Zonen meist nicht herankommt und es deshalb um so mehr genießen kann, Reiki dort zu empfangen; bei den Rückenpositionen beginnt die Entspannung sich wirklich stark zu vertiefen. Beim Empfänger stellen sich bisweilen Impulse und Bilder aus dem Unbewußten ein, die sehr befreiend sein können. Darauf sollte der Anwender gefaßt sein und sich behutsam einstellen können.

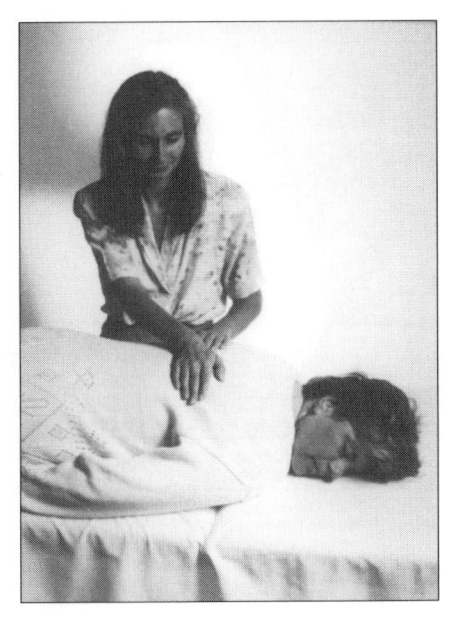

Kreuz- und Steiß (T-Position)

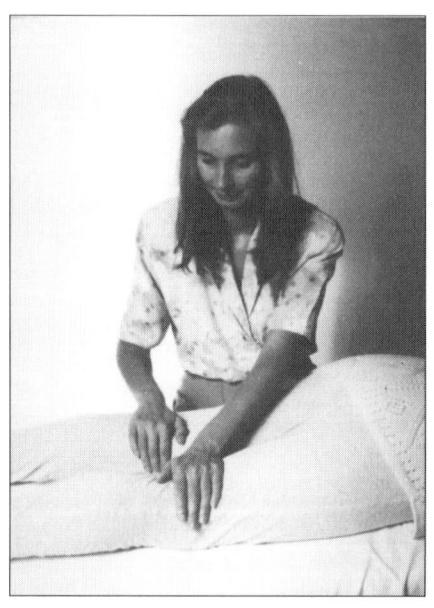

Lege Deine Hände in die Kniekehlen hinein; auch hier können Schockerlebnisse energetisch gelöst werden.

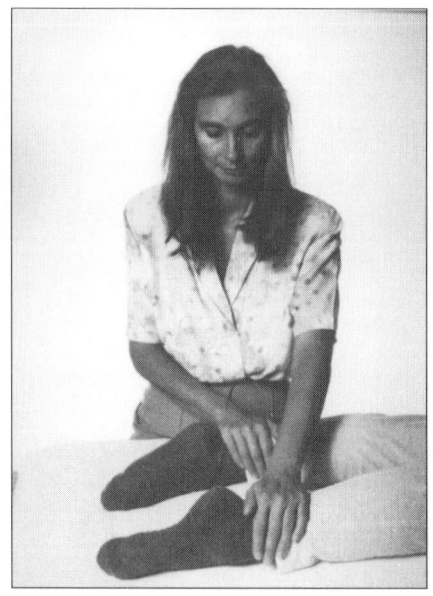

Lege dann die Hände rund um die Fersen; das wirkt sehr entspannend für die Fußgelenke.

Lege zum Schluß die Hände auf die Fußsohlen, so daß die Finger parallel zu den Zehen zeigen. Hier sprechen wir wieder die Reflexzonenpunkte an.

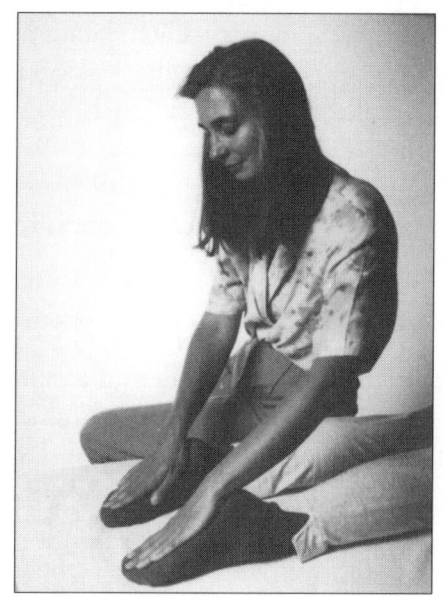

Eine solche Reiki-Anwendung bei einem anderen Menschen dauert in der Regel etwa eine bis eineinhalb Stunden, da wir wieder etwa drei Minuten in jeder Handposition verweilen. Um die Anwendung harmonisch abzuschließen, lege ich eine Hand auf den Rücken des Empfangenden und spreche ihn in sanftem Ton an, daß die Anwendung nun beendet ist.

Er wird eingeladen, fünf bis zehn Minuten in der Entspannung zu bleiben, während ich den Raum verlasse, damit er/sie in Ruhe «zurückkommen» kann.

Nach einer solchen Reiki-Anwendung befinden sich die meisten Menschen in einem Zustand tiefer, innerer Entspannung. Das heißt, daß sie nicht unbedingt willens oder in der Lage sind, sich schon sofort mit voller Kraft wieder dem Alltag zu widmen, zum Beispiel Auto zu fahren. Deshalb rate ich, danach vielleicht einen kleinen Spaziergang zu machen. Zumindest sollte ein

Autofahrer ausdrücklich darauf hingewiesen werden, daß er sich nicht ohne weiteres gleich wieder in den Straßenverkehr begibt.

Außerdem ist es hilfreich, dem Menschen zu empfehlen, viel klare Flüssigkeit zu trinken (Wasser, leichten Kräutertee, verdünnte Fruchtsäfte), um die Ausscheidung anzuregen und sogenannte Genußmittel (Alkohol, Kaffee, schwarzer Tee) an diesem Tag möglichst zu vermeiden.

Es kann sinnvoll sein, drei bis vier solcher Anwendungen hintereinander – entweder an aufeinanderfolgenden Tagen oder in derselben Woche – durchzuführen, um die Empfänglichkeit für die Energien zu steigern und das Energieniveau anzuheben. Da Du durch jede im rechten Bewußtsein ausgeführte Reikibehandlung durchlässiger wirst für die Lichtkraft des allumfassenden Geistes, werden Deine Selbstheilungskräfte angeregt.

Fernanwendung mit Fotos in bestimmten Situationen

Bereits im 1. Grad können wir Menschen, die nicht körperlich anwesend sind, die Reiki-Kraft «senden». Das fällt für Familienangehörige und Freunde meist sehr viel leichter als für Außenstehende, weil wir uns auf diese anfangs energetisch weniger intensiv einstellen können. Da wir noch nicht mit den Symbolen arbeiten, müssen wir uns bei dieser Fernanwendung *mental* bewußt auf die betreffende Person ausrichten.

Ich bin zu dieser Übung gekommen, weil ich in den Kinder-Reikiseminaren immer wieder gefragt wurde: «Wie kann ich denn der Oma, die so weit weg wohnt, Reiki schicken?» Da Kinder und Jugendliche vor dem sechzehnten bis achtzehnten Lebensjahr – je nach Persönlichkeitsentwicklung – nicht in den 2. Grad eingestimmt werden, entstanden die folgenden, inzwischen in der Praxis gut bewährten Vorschläge. Erst haben Kinder sie mit viel Freude und Erfolg ausprobiert, jetzt werden sie auch Erwachsenen weitergegeben.

– Nimm ein Foto der Person, welche Dich um die Reiki- Anwendung gebeten hat.
– Nimm Dir einen Moment Zeit, um in die Stille zu gehen und Dich selbst innerlich mit der Reiki-Kraft zu verbinden (eventuell über ein Gebet).
– Dann stelle Dich bewußt darauf ein, daß Du über Deine Hände, die Du auf oder über das Foto legst bzw. zwischen denen Du das Foto hältst, Reiki-Kraft ohne Eigenwillen zu der betreffenden Person fließen läßt.
– «Wenn ich jetzt meine Hände auf das Foto lege, fließt universelle Lichtenergie zu… (meiner Oma) in… (Oberstdorf). Gemäß des höchsten göttlichen Willens möge sich die Lichtenergie in… (meiner Oma) so manifestieren, wie es für sie aus höchster Sicht und entsprechend ihres Lebensplans sinnvoll ist.»
– Solange Du Deine Hände über das Foto hältst und gleichzeitig im Bewußtsein wirklich mental bei dem Menschen bist und bleibst, fließt die Lichtenergie. Laß Dich also nicht durch irgendetwas Äußeres ablenken.
– Zum Abschluß der Anwendung sprich einfach ein kurzes Gebet oder einen Dank, der Dir entspricht und leg das Bild aus Deinen Händen.

Mit dieser Anwendung können wir bereits im 1. Reiki-Grad Raum und Zeit überwinden und nicht anwesende Menschen an der Reiki-Kraft teilhaben lassen. Im 2. Grad wird das mit der Anwendung der Symbole etwas «leichter» und vor allem sicherer. Aber Reiki fließt auch im 1. Grad im Rahmen einer Fernanwendung, wie oben beschrieben.

6. Reiki im 2. Grad

Immer, wenn wir im 2. Grad (und danach) mit Symbolen arbeiten, sollten wir uns dessen bewußt sein und bleiben, welche Bedeutung sie in sich tragen. Sei Dir der Verantwortung bewußt, die Du trägst, wenn Du die Symbole verwendest. Laß sie nicht einfach irgendwo auf einem Papier herumliegen – andere können damit entweder ohnehin nichts anfangen oder verwenden sie unter Umständen falsch.

Wenn Du mit den Symbolen arbeitest, arbeite aus Deinem Herzen heraus. Es geht nicht darum, bestimmte Abläufe und Techniken «abzuspulen», sondern einen Bewußtseinsvorgang von Dir aus mit einer Bewußtseinsöffnung einzuleiten, damit die höhere Kraft wirklich fließen kann und sowohl Du wie eventuell der andere Mensch den Energiestrom auch bewußt wahrnimmt.

Das Kraftsymbol kann allein angewandt werden. Das Schutzsymbol (bzw. Wächter-, Mental- oder Harmoniesymbol) und das Kontaktsymbol (bzw. Symbol zur Fernanwendung und zur Überwindung von Raum und Zeit) werden erst durch das Kraftsymbol aktiviert, deshalb verwenden wir sie nur zusammen mit dem Kraftsymbol. Du kannst Dir bei der Reikianwendung die Symbole visualisieren, sie also vor Deinem geistigen Auge entstehen lassen, oder Du kannst sie auch mit der Hand im Raum oder am Körper «zeichnen», allerdings nur dann, wenn Du allein bist. Um uns für Einsichten aus der vierten, der zeitlichen Dimension zu öffnen, ist es wichtig, daß Du Dir das Symbol nicht einfach nur fix und fertig vor Deinem geistigen Auge visualisierst, sondern es dort wirklich nach und nach entstehen läßt, Strich für Strich.

Wichtig ist, daß Du nach der Visualisierung oder Zeichnung des jeweiligen Symbols im Stillen, also mental, dreimal den Namen des Symbols, das «Mantra» sprichst, und zwar für die körperliche, die geistige und die seelische Ebene. (Beim Namen des Mantras handelt es sich selbstverständlich um den Namen, den Dir Dein Lehrer weitergegeben hat, nicht um die Umschreibung der Bedeutung, die weiter vorn im Buch erläutert wird.)

Die Reiki-Arbeit im 2. Grad bedeutet für mich, Reiki als ein Gebet auszuführen. So, wie jeder Mensch für sich auf eine bestimmte Weise betet, so sollten wir mit der Reiki-Kraft und den Symbolen des Reiki-Systems umgehen: mit Hochachtung und in Würde, mit dem Sehnen nach göttlichem Licht und Herzensöffnung, in Liebe und Demut.

Eigenanwendung mit Symbolen

Verwendung des Kraftsymbols

Das Kraftsymbol symbolisiert eine höhere Schwingung des Universums. Es dient im Reiki-System immer dazu, niedrigere Schwingungen zu transformieren und in ihrer Schwingung anzuheben. Deshalb kann ich Dir nur empfehlen, es sehr häufig zu verwenden. Deinen kreativen Möglichkeiten sind keine Grenzen gesetzt.

Bevor Du mit der Reiki-Anwendung beginnst, visualisiere oder zeichne das Kraftsymbol in beide Handinnenflächen und sprich dreimal im Geiste das Mantra. Das vertieft und verstärkt Deine Verbindung mit der Reiki-Kraft, so daß die Reiki-Energie leicht über Deine Handinnenflächen abgestrahlt werden kann.

Nun kannst Du alle Positionen anwenden, die im Kapitel zu Reiki im 1. Grad beschrieben wurden, auch die Handpositionen des siebenarmigen Leuchters und die zur Linderung von Streß. Zusätzlich solltest Du Dich von Deiner eigenen inneren Führung leiten lassen, Reiki-Energie auch an andere Körperteile oder -zonen zu strahlen, die das jetzt brauchen. Wenn Du spürst, daß Du an einer Stelle vermehrt Energie fließen lassen möchtest, so visualisiere erneut ganz bewußt das Kraftsymbol in beiden Handinnenflächen und sprich mental, im Stillen also, das Mantra wiederum drei Male, um noch durchlässiger für die Reiki-Kraft zu werden, die nun an die gewählte Stelle strömen soll.

Das Kraftsymbol hat, wie bereits erläutert, die Eigenschaft, Energie blitzschnell zur Verfügung zu stellen. Damit eignet es sich auch zum Schutz vor unbewußtem Energieverlust und zur «Wiederauffüllung» unseres Energiereservoirs. Viele Menschen verlieren ungewollt ständig Energie – in ihrem Beruf, in der Partnerschaft, im Kaufhaus, im Verkehr und so fort. Sie bringen sich zu stark mit ihren Persönlichkeitskräften ein, wollen unbedingt bestimmte Ego-Wünsche verwirklichen (dazu gehören auch «idealistische» Wünsche, wie helfen zu wollen; Du kennst sicher das sogenannte Helfersyndrom), oder werden von anderen Menschen oft unbewußt «angezapft», die ihre Energie «absaugen».

Das Kraftsymbol kann hier wie ein Schutzmantel wirken, der den Energieverlust augenblicklich stoppt und durch die Verbindung mit der inneren Quelle den Kraftspeicher wieder auffüllt. In diesem Fall wird das Kraftsymbol um den gesamten Körper herum visualisiert (oder gezeichnet, falls Du allein bist; so erlernen wir es anfangs auch im Reiki-Kurs durch regelrechtes Nachzeichnen, des besseren Verständnisses halber), und durch das dreimalige gedankliche Sprechen des Mantras aktiviert.

Das können wir im Alltag jederzeit anwenden. Meine Schüler und Seminarteilnehmer berichten mir immer wieder von wunderbaren Beispielen – wenn ein Mensch aggressiv auf sie zukam und sich dann – nach geistiger Anwendung des Kraftsymbols – plötzlich ganz friedlich zeigte, und vieles mehr. Benutze das Kraftsymbol immer dann, wenn Du Energie schnell brauchst oder Dich vor Energieverlust schützen möchtest.

Im Reiki verwenden wir das Kraftsymbol dazu, um Menschen, Dinge, Situationen und Räume zu energetisieren (oder, wie manche Reiki-Lehrer sagen, «zu reinigen»). Die Anwendung für Menschen erfolgt über die Handpositionen, wie oben erläutert; zur Anwendung bei Situationen und Ereignissen findest Du am Schluß dieses Kapitels einige Hinweise.

Zu den Dingen gehören unter anderem Edelsteine und Schmuck (vor allem, wenn sie einen Vorbesitzer hatten), Nahrungsmittel und Getränke, Gebrauchsgegenstände und Geschenke – kurz, alles, bei dem wir spüren, daß es günstig wäre, die Schwingung des betreffenden Gegenstands energetisch zu verbessern oder aufzuwerten.

Bei Lebensmitteln kannst Du Dir das Kraftsymbol über Essen und Getränke visualisieren. Es kann durchaus vorkommen, daß das Essen oder das Getränk bitter wird und «umschlägt»; nimm es dann auf keinen Fall zu Dir. Die Reiki-Kraft kann nämlich Nahrungsmittel nicht nur energetisieren und im Geschmack verbessern – das geschieht meistens –, sondern auch als Prüfstein dienen, um bereits unzuträglich gewordene, für Dich schlechte Lebensmittel über ihr «Umschlagen» deutlich zu kennzeichnen.

Um Räume mit Reiki zu energetisieren, visualisierst Du das Kraftsymbol in allen vier Ecken, und zwar dreidimensional, und verbindest alle vier Symbole in den Ecken mit einem großen Kraftsymbol in der Mitte des Raums, das Du ebenfalls dreidimensional visualisierst. (Wenn Du allein bist, kannst Du die Symbole auch mit der Hand zeichnen.)

Für Deinen Alltag empfehle ich Dir auszuprobieren, bei Telefongesprächen eine Hand auf dem Sonnengeflecht zu halten und über diese Hand das Kraftsymbol in den Solarplexus hinein zu visualisieren. Nach vielfältigen Erfahrungen kann das enorm helfen, Telefonate harmonischer, liebevoller und konstruktiver verlaufen zu lassen.

Bei der Anwendung des Kraftsymbols sei einfach kreativ und offen für «neue» Anwendungsmöglichkeiten.

Verwendung des Schutzsymbols

Das Schutz- oder Wächtersymbol (manchmal auch Mental- oder Harmoniesymbol genannt) dient im Reiki-System dazu, die göttlichen und die persönlichen Kräfte in uns in einem sinnvollen Gleichgewicht zu halten, die Kräfte von Fühlen und Denken auszugleichen und insgesamt zur psychosomatischen und seelischen Harmonie beizutragen.

Das Schutzsymbol kann bei allen Handpositionen verwendet werden. Dann visualisieren wir *zuerst* das Schutzsymbol und danach darüber das Kraftsymbol, wiederum dreidimensional. Besonders in der Arbeit mit dem siebenarmigen Leuchter bewährt es sich zur Harmonisierung der Chakraenergien.

Übung zur Auflösung von Angst

Wir verwenden das Schutzsymbol zum Beispiel auch,
wenn wir Angst spüren.

– Finde zuerst heraus, wo im Körper Du die Angst fühlst
  oder wahrnimmst. Lege dann Deine Hände auf diese
  Stelle und visualisiere Dir zuerst das Schutzsymbol und
  dann das Kraftsymbol drei-dimensional auf und in die
  Hände; ebenso in die Stelle des Körpers, wo Du die
  Angst wahrnimmst.
– Dann lasse die Lichtenergie solange einfließen, vielleicht unter Wiederholung der Visualisierung der Symbole, bis Du wirklich ruhiger und gelassener wirst.
– Dann schaue Dir die Situation, welche die Angst in Dir
  ausgelöst hat, noch einmal an. Sicher wirst Du sie nun
  ganz anders sehen.
– Falls noch Reste von Angst spürbar sein sollten, wiederhole diese Übung. Vielleicht hilft es Dir, wenn Du in
  die Stelle, wo Du Angst gespürt hast und wo Deine
  Hand liegt, bewußt hineinatmest.

Harmonieübung

Mein australischer Lehrer nennt die folgende Übung «bliss bomb», «Segens-Bombe», in einer großen Reiki-Schule heißt sie «Mentalbehandlung», ich nenne sie *Harmonieübung*. Diese Übung wird unterschiedlich ausgeführt. Dort, wo sie Mentalbehandlung heißt, werden Affirmationen an unterbewußte Schichten gegeben. Ich halte im Reiki mehr davon, nur mit den Symbolen zu arbeiten. Deshalb schlage ich Dir folgenden Übungsablauf vor, der etwa zehn bis fünfzehn Minuten dauert (Du kannst auch länger üben).

- Lege eine Hand (die rechte oder die linke, das ist gleich), auf die Stirn, die andere auf den Hinterkopf (so daß der Daumen am Haaransatz liegt).
- Dann visualisiere Dir über Deinen Scheitel erst das Schutz- oder Wächtersymbol, sprich im Stillen dreimal seinen Namen.
- Visualisiere darüber das Kraftsymbol und denke dreimal dessen Namen.
- Lasse die Reiki-Energie in einer meditativen Haltung fließen. Wie und wo Du sie spürst, kannst Du nicht «machen» – öffne Dich dafür, geschehen zu lassen.
- Immer, wenn Du abschweifst oder von Gedanken geradezu überflutet wirst, wiederhole die Visualisierung und das innere Ansprechen der Symbole.

Mit dieser Übung harmonisieren wir die rechte und die linke Gehirnhälfte, gelangen zu einem vertieften inneren Gleichgewicht zwischen Fühlen und Denken und werden uns insgesamt ausgeglichener fühlen.

Das zeigt sich bei regelmäßiger Anwendung dieser Übung besonders auch nach außen. Du wirkst auf andere Menschen ausgeglichener und fröhlicher und entwickelst oft ganz unbewußt neue Sichtweisen zu Themen, die Dich jetzt beschäftigen.

Empfehlenswert ist die Harmonieübung für Menschen, die unter Kopfschmerzen leiden. Ich habe mir angewöhnt, sie immer dann fast schon automatisch anzuwenden, wenn ich wieder einmal «gegen eine Wand laufe» oder auch «mit dem Kopf durch eine Wand hindurch will».

Fremdanwendung durch Handauflegen mit Symbolen

Bereite Dich bitte auf jede Fremdanwendung von Reiki entsprechend vor. Sorge für einen harmonischen Rahmen, einen ruhigen Raum, eine liebevolle Atmosphäre. Die Reikianwendung für andere Menschen ersetzt bekanntlich nicht eine sachkundige Diagnose oder eine medizinisch angezeigte Therapie. Wir sollten sowohl in uns selbst wie beim anderen Menschen nie den Eindruck aufkommen lassen, als ob wir nun mit Reiki heilen könnten – weil wir vielleicht glücklich über die Erlangung des 2. Grades sind und spüren, daß «mehr» Energie fließt. Unsere Arbeit und unser Dienst besteht nur darin, die Harmonisierung zu fördern, dem betreffenden Menschen zu helfen, wieder mehr ins eigene Gleichgewicht zu gelangen und ihn in seinen Selbstheilungskräften zu fördern und zu unterstützen. Bevor Dir das nicht wirklich klar ist, bevor Du diese Tatsachen in Deinem Bewußtsein nicht wirklich lebst, rate ich, mit Fremdanwendungen von Reiki noch zu warten.

Zu Beginn der Anwendung solltest Du Dich in die Haltung «Dein Wille geschehe» einlassen. Verbinde Dich dann über das Kraftsymbol zunächst selbst mit der Reiki-Kraft. Wenn Du selber gerade sehr belastet bist, willst Du vielleicht die Übung zur schnellen Linderung von Streß für Dich selbst durchführen. Dann beginne mit der Anwendung.

Bei der Anwendung von Reiki im 2. Grad für andere Menschen, Tiere, Pflanzen, Ereignisse, Situationen und so fort gelten dieselben Handpositionen wie bei Reiki im 1. Grad bei Eigen- und Fremdanwendung sowie bei Reiki im 2. Grad in der Eigenanwendung. Die Übungen zur Linderung von Streß, zum siebenarmigen Leuchter, zur Auflösung von Angst und zur Harmonisierung finden sinngemäß ebenfalls ihre praktische Verwendung.

Wir können Reiki auch anwenden, wenn der Mensch schläft beziehungsweise nicht bei Bewußtsein ist. Das gilt zum Beispiel für Kinder oder für Kranke, die im Koma liegen. Für Menschen, die im Koma liegen, scheint die Harmonieübung besonders geeignet zu sein.

Fernanwendung

Man kann die Reiki-Kraft über Raum und Zeit hinaus senden. Die universelle Lebensenergie können wir zu Menschen, Tieren, Pflanzen, einfach zu allen Lebewesen, auch in die Natur und zum Planeten Erde, aber auch zu Dingen und in Situationen und Ereignisse strahlen lassen. Das kann nicht nur durch weite Räume hindurch geschehen, sondern auch durch die Zeit in die

Zukunft hinein und sogar in jene Folgen aus der Vergangenheit, die heute energetisch noch im Feinstoffkörper eingelagert und als Energieblockaden, Ängste oder unerwartete Stimmungsschwankungen usw. spürbar sind.

Um Reiki auch über Raum und Zeit hin anwenden zu können, gibt es im Reiki-System ein spezielles «Kontaktsymbol». Dieses Symbol wird immer zusammen mit dem Schutz- und dem Kraftsymbol angewandt.

Verwendung des Kontaktsymbols

Das Kontaktsymbol versinnbildlicht die Verbindung mit der universellen Lichtenergie durch die rechtschaffene Einstellung im Herzen. Wenn Du das Kontaktsymbol anwendest, öffnest Du Dich für eine Verbindung mit dem Licht und für einen Kontakt von Herz zu Herz.

Wir verwenden alle drei Symbole und ihre Mantras zur Herstellung des Kontaktes mit und für den Fluß der Reiki-Energie.

1. Visualisiere oder zeichne das Kontaktsymbol auf die «Stellvertreterposition» (siehe weiter unten) und wiederhole dreimal in Gedanken das Mantra, für den körperlichen, den geistigen und den seelischen Bereich.
2. Visualisiere oder zeichne das Schutz- oder Wächtersymbol über die gewählte Stellvertreterposition und sprich im Stillen dreimal den Namen des Symbols.
3. Visualisiere oder zeichne das Kraftsymbol an derselben Stelle, dreidimensional, und wiederhole im Geiste das Mantra dieses Symbols ebenfalls dreimal.

Soweit mir aus meiner eigenen, breit angelegten Reiki-Ausbildung bekannt ist, variiert die Reihenfolge der Symbole bisweilen. Wundere Dich also nicht, falls Du die Abfolge vielleicht etwas anders kennst, als hier beschrieben. Die hier dargestellte Reihenfolge scheint mir am sinnvollsten.

Wenn Du Dich darin geübt hast, alle drei Symbole richtig zu visualisieren, zu zeichnen und ihre Namen geistig zu sprechen, dann kannst Du einen ersten Versuch unternehmen, Lichtenergie zu einem anderen Menschen zu senden, der Dich darum gebeten hat. Wir bezeichnen diesen Vorgang auch als das Herstellen einer «Lichtbrücke». Am einfachsten ist das unter Zuhilfenahme eines Fotos.

Verwendung von Fotos

– Vielleicht möchtest Du am Anfang kurz in die Stille gehen, Dich mit einem Gebet in der rechten Weise einstellen oder selbst bewußt die Verbindung mit der Reiki-Kraft über das Kraftsymbol aufnehmen.
– Lege das Foto vor Dir auf einen Tisch oder nimm es in eine Hand.
– Zeichne mit Deiner (anderen) Hand die Symbole nacheinander in der oben erwähnten Reihenfolge auf das Foto und sprich jeweils danach auch dreimal das entsprechende Mantra.
– Danach wirst Du meist ein gewisses Kribbeln, Wärme oder Kühle oder etwas anderes in Deinen Händen wahrnehmen. Das zeigt Dir, daß der Kontakt besteht.
– Nimm das Foto dann in beide Hände oder halte beide Hände über das Foto und laß die Lichtenergie auf das Foto einstrah-

len. Die Dauer bleibt Dir selbst überlassen, oder Du hast das mit dem anderen Menschen abgesprochen.

– Wenn Deine Gedanken abschweifen, beeinträchtigt das nicht den Fluß der Energie; auch ein Gespräch unterbricht die Verbindung nicht, solange Du mit Deinen Händen beim Foto bleibst. Du beendest die Anwendung, indem Du die Hände vom Foto fortnimmst.

– Beschließe die Reiki-Anwendung mit einem Gebet oder einem Dank.

Stellvertreterpositionen

Bei einer Reiki-Anwendung über Raum und Zeit hinaus ist es ebenso wichtig wie bei der Eigen- und der Fremdanwendung, daß wir die Hände als Mittler der Reiki-Kraft einsetzen. Das geschieht, wenn wir kein Foto des betreffenden Menschen haben oder noch intensiver arbeiten möchten, über sogenannte Stellvertreterpositionen. Dabei legen wir die Hände auf die Stellen und Zonen unseres eigenen Körpers, zu denen wir dem anderen Menschen Reiki-Energie senden möchten. Wir können uns auch für eine einzige beliebige Handposition entscheiden, weil die Reiki-Energie ohnehin zur Ursachenebene fließt, oder wir können Handpositionen einnehmen, um die uns ein anderer Mensch vielleicht gebeten hat. Bitte vergiß nicht, auch bei der Fernanwendung wieder erst die Symbole zu visualisieren und deren Namen mental dreimal zu sprechen, um den Kontakt herzustellen, um eine «Lichtbrücke» herzustellen.

«Fern-Reiki» können wir sowohl zu Menschen wie zu anderen Lebewesen, zu Dingen und Ereignissen senden. Mehr zu diesem nicht einfachen Thema in den Seminaren.

Hier wie bei allen anderen Anwendungen von Reiki gilt nach meiner Erfahrung, daß die rechte Einstellung ganz entscheidend ist. Nur wenn wir wirklich nach dem Wort «Dein Wille geschehe» nichts selber wollen, nur wenn wir wirklich ohne Ichwünsche oder Egogrenzen in die Fernanwendung gehen, kann die Reiki-Kraft überhaupt fließen.

Nicht umsonst berichten mir doch recht viele Reiki-Lernende, daß ihr «Fern-Reiki» nicht so recht «funktioniert». Es ist eine Frage des rechtschaffenen Bewußtseins – und Reiki ist eben keine schnell erlernbare einfache «Technik», mit der sich alle möglichen Wunderheilungen oder Zauberdinge bewerkstelligen lassen. Und es kommt immer darauf an, daß wir selbst nicht etwas «machen», daß wir selbst keine Energie oder das Licht «erzeugen» können.

Hören wir aus der Überlieferung der Reikigeschichte nicht immer wieder, daß die Reikipraktizierenden in der Klinik von Dr. Hayashi oft jahrelang in diesem System *ausgebildet* wurden? Es geht eben nicht darum, Reiki «mal eben so zu machen». Statt dessen ist eine bestimmte geistige Bewußtseinshaltung notwendig, die wir uns zu eigen machen.

Deswegen gilt es auch noch zu bedenken, ob sich der Reiki-Ausübende unter Umständen Karma auflädt, falls er mit einer ungeeigneten Bewußtseinshaltung an die Fernanwendung herangeht. (Zu Karma und Reiki findest Du einige Gedanken am Ende des Buches.)

Nehmen wir an, jemand, der sich nicht an Deinem Wohnort befindet, bittet Dich um Lichtenergie:

– Dann fragst Du ihn nach seinem Namen und seinem Wohnort.
– Du gehst in die Stille und bereitest Dich so vor, wie vor anderen Reikisitzungen auch.

- Nun sprichst Du zuerst einen Satz wie den folgenden, dann visualisierst oder zeichnest Du die Symbole auf die gewählte Stellvertreterposition und sprichst geistig die Mantren, und dann legst Du die Hände auf die Stellvertreterposition.
- Der Satz, den Du halblaut sprichst, wenn Du allein bist, oder innerlich, wenn andere Menschen im Raum sind, kann zum Beispiel lauten: «Ich bitte darum, daß, wenn ich meine Hände auf die Stellvertreterposition auflege, die Reiki-Energie fließen möge zu... (Name des betreffenden Menschen) in... (Wohnort). Möge die schöpferische Kraft zum Wohle von... (Name) in der Weise wirken, wie es dem göttlichen Lebensplan dieser Seele entspricht.»
- Du beendest diese Fernanwendung von Reiki, indem Du Deine Hände von der Stellvertreterposition löst und im Stillen einen kurzen Dank oder ein Gebet sprichst.

Der Lichtkreis

Von einem Lichtkreis sprechen wir, wenn sich mindestens zwei, besser mehr Menschen zusammenfinden, um Lichtenergie für Menschen in Not, für die Erde oder für andere Empfänger zu schicken. Wenn sich mehrere Menschen zusammenschließen, um ein gemeinsames geistiges Ziel anzustreben und wenn sie «auf derselben Wellenlänge» sind, also in gleicher Weise schwingen, werden die von ihnen ausgehenden Kräfte wesentlich verstärkt. Die Energie addiert sich nicht nur etwa, sondern potenziert sich geradezu.

Mir scheint es sinnvoll zu sein, daß man sich im Familien- oder Freundeskreis, in geistigen Gruppen oder unter Reikianwendern einmal in der Woche versammelt, um einen solchen

Lichtkreis zu bilden. Aus meiner Erfahrung gebe ich als Vorschlag gern einen Ablauf weiter.

- Wir setzen uns im Kreis zusammen und nehmen uns an den Händen. Wir haben zuvor besprochen, welchem Menschen, welchem Wesen oder in welche Situation wir Reiki senden wollen.
- Am Anfang sprechen alle, die im 2. Grad sind, still im Geiste, einen Satz wie zum Beispiel: «Die Hände unserer Nachbarn stehen stellvertretend für alle Menschen, Ereignisse und Situationen, an die in diesem Lichtkreis gedacht wird. Wir bitten darum, daß sie im Sinne der höchsten Intelligenz und zum Wohle aller Beteiligten strömen möge.»
- Wir schließen nun die Augen und visualisieren nacheinander die drei Symbole und sprechen im Stillen jeweils danach dreimal ihre Namen.
- Nun lassen wir die Reiki-Kraft einfach fließen, etwa zehn bis fünfzehn Minuten lang oder länger.
- Wir beenden den Lichtkreis, indem eine Person, die vorher bestimmt wurde, etwa sagt: «Wenn wir die Hände nun wieder voneinander lösen, ist die Übung beendet und wir kommen langsam zurück ins Tagesbewußtsein.»
- Wir öffnen die Augen dann, wenn wir wirklich dazu bereit sind.

Beim Lichtkreis lassen wir gern im Hintergrund harmonische Musik laufen. Der Lichtkreis wirkt übrigens auch für die Teilnehmer sehr beruhigend, ausgleichend, entspannend, erfüllend und energetisierend.

114

Der Reiki-Notruf

Im Reiki Zentrum Allgäu unterhalten wir seit nunmehr drei Jahren einen ehrenamtlichen (also kostenlosen) «Reiki-Notruf». Nach einigem Ausprobieren hat sich folgendes System am besten bewährt:

– Wir haben eine zentrale Stelle, die alle Notrufe sammelt. Notrufe sind Anfragen von Menschen, die an Körper, Geist oder Seele derzeit leiden und um unsere energetische Unterstützung durch Reiki bitten.
– Bei dieser Zentralstelle liegt am Telefon ein «Notruf-Buch», in dem alle Hilfesuchenden namentlich mit Wohnort und dem Grund ihres Anrufs vermerkt werden. Wir halten es so, daß man zunächst für sieben Tage in dieses Notruf-Buch aufgenommen werden kann. Wichtig ist, daß außer der Person, welche dieses Buch führt, kein anderer Mensch die Namen, die Beschwerden oder das Anliegen kennt!

115

– Die Reiki-Anwender im 2. Grad, die sich zur Mithilfe bereit erklärt haben, stellen sich zu Zeiten, die sie selbst bestimmen, jeden Tag mindestens einmal etwa zehn Minuten oder länger darauf ein, daß die Reiki-Kraft zu allen jenen fließen möge, die mit ihrer Bitte an diesem Tag im Buch aufgeführt sind.

Wir geben die Namen nicht weiter, um der Versuchung des Egos, sich «aufzublähen», von vorneherein keine Nahrung zu geben. Die universelle Lichtenergie fließt auch so dorthin, wo sie gebraucht wird.

Zur Zeit beteiligen sich regelmäßig etwa achtzig aktive Reiki-Anwender im 2. Grad daran; im Buch stehen pro Tag zwischen fünf und zwanzig Personen. Wir wissen natürlich nicht, ob und wie der Notruf im einzelnen wirkt. Aber einige kurze Zitate von Menschen, die sich danach bei uns gemeldet haben, möchte ich Dir als Ermunterung, Dich selbst an einem Notruf zu beteiligen, doch mitteilen, sofern Du in den 2. Reiki-Grad eingestimmt worden bist.

Eine Frau meldet sich nach ihrem Notruf so: «Ich kann nach einem Herzstillstand und Koma wieder selbständig atmen und mache ungeahnte Fortschritte.» (In diesem Fall haben wir über viele Wochen hinweg diese Frau mit Reiki-Energie unterstützt.)

Eine Mutter rief an wegen ihres Mädchens, das keinen Bissen mehr bei sich behalten konnte und enorm abgemagert war: «Einen Tag später konnte sie schon wieder essen und die Nahrung bei sich behalten; jetzt fährt sie mit ins Schullandheim.»

Ein Bauernsohn ist unter den Traktor gekommen und erlitt schwere Schädelverletzungen, die Ärzte waren sehr pessimistisch: «Die Ärzte wundern sich, daß der Patient so rasche und nachhaltige Fortschritte macht und meinen nun, daß die Schäden vielleicht doch nicht so schlimm sind.»

«Ich kann wieder ruhiger schlafen und fühle mich wesentlich besser.»

«Mein Arzt sagte, daß das ein Wunder ist: Meine Herzrhythmusstörungen sind verschwunden, meine Schmerzen haben aufgehört.»

Um keine falschen Hoffnungen aufkommen zu lassen: Es gibt zwar viele wunderbare Heilungen und Hilfen, die jedoch alle nur dann möglich waren, wenn die göttliche Kraft dies so gewollt hatte und wenn gleichzeitig die betreffenden Menschen von ihrem Bewußtsein her offen für einen Wandel waren. Oft genug besteht die Hilfe nicht etwa in einer medizinisch konkreten und unmittelbar wirksamen und nachprüfbaren Heilung, sondern vielmehr in der Stärkung des Lebensmuts und der Aktivierung der Selbstheilungskräfte!

Die langjährig aktiven Teilnehmer am Reiki-Notruf berichten uns, daß sie selbst sich durch ihre Teilnahme viel aufmerksamer und bewußter fühlen und spüren, mit sich selbst und der Umwelt mehr im Reinen zu sein.

Reiki-Arbeit für Ereignisse in Vergangenheit, Gegenwart und Zukunft

Wenn Du Dich in schwierigen Situationen befindest, vor einer Prüfung, vor einer Operation, einem unliebsamen Termin, zum Beispiel vor Gericht, eine problematischen Diskussion im Beruf, dann kannst Du Lichtenergie in die spezielle Situation hineinschicken. Du kannst das zeitlich und räumlich genau fixieren. Wie Du Reiki in Situationen der Gegenwart und der Zukunft anwenden kannst, wirst Du Dir zumindest vorstellen können, denn Du sendest in diesem Fall die Reiki-Kraft geradewegs in das gegenwärtige oder bevorstehende Ereignis hinein. Was die

Vergangenheit angeht, können wir zwar nichts mehr am äußeren Geschehen ändern, das nun einmal so oder anders stattgefunden hat. Wir können jedoch Reiki-Kraft auf die energetischen Nachwirkungen richten, die aufgrund der vergangenen Ereignisse in unserem Emotionalkörper und unter Umständen auch in unserem physischen Körper gespeichert sind.

Ein Beispiel: Stell Dir vor, daß Du in einer Woche eine Aufnahmeprüfung bestehen möchtest:

– Setz Dich hin, stimme Dich auf Deine eigene Weise meditativ ein, verbinde Dich über das Kraftsymbol mit der universellen Energie, sprich vielleicht ein Gebet nach Deinem Empfinden.

– Überlege Dir, an welche Körperstelle Du Deine Hände auflegst, um über diese «Stellvertreterposition» Reiki in die kommende Situation zu senden.

– Sprich nun geistig – oder halblaut, falls Du allein bist – einen Satz wie: «Ich bitte darum, daß die Lichtkraft in die Prüfungssituation am… (Datum) in… (Ort) fließen möge, an… (Schule, Institution; je genauer Du formulierst, desto besser), um zum Wohle aller und gemäß des höchsten Lebensplans so zu wirken, wie es aus der Sicht der Entwicklung und Bewußtwerdung am besten ist.»

– Nun visualisiere oder zeichne, wenn Du allein bist, alle drei Symbole – das Kraftsymbol, das Schutzsymbol und das Fernsymbol – über der vorgesehenen Handposition und denke oder sprich jeweils dreimal ihre Namen.

– Nun lege Deine Hände auf die Stellvertreterposition. Halte sie dort solange, wie es Deiner Eingebung entspricht.

– Beende die Übung, indem Du die Hände fortnimmst. Schließe mit einem Dank oder Gebet ab.

Führe das jeden Tag bis zur Prüfung (oder einer anderen Situation) durch; sende täglich fünf bis zehn Minuten Lichtkraft in diese Situation hinein. Vergiß jedoch auch nicht, Reiki für Dich selbst anzuwenden, zum Beispiel mit der Übung des siebenarmigen Leuchters.

Natürlich ist das keine Garantie, daß Du die Prüfung bestehst, wenn vielleicht ein Nichtbestehen die Erfahrung ist, welche das Leben Dir für Deine Entwicklung jetzt schicken will. Überlasse Dich der großen Kraft und nimm an, was sie Dir schenkt!

7. Reiki im 3. Grad

Was ist der 3. Grad?

Im Reiki unterscheiden wir im 3. Grad zwischen dem 3a, dem «Meister-Grad», und dem 3b, dem «Lehrer-Grad». Ich halte wenig davon, mit oft überzogenen Versprechen zu möglichen Heilerfolgen und Einnahmequellen immer mehr und mehr Reiki-Lehrer auszubilden, schon gar nicht im «Schnellverfahren». Da immer mehr Menschen bereit und offen für neues Wissen und vertiefte Bewußtseinserfahrungen sind, scheint mir die Reiki-Einstimmung in den sogenannten Meister-Grad sinnvoll. «Meister-Grad» heißt der 3a im Reiki deshalb, weil wir bei dieser Einstimmung mit dem Meister-Symbol und seiner Anwendung vertraut gemacht werden. Wir sollten uns bitte nicht einbilden oder bei anderen Menschen den Eindruck erwecken, daß wir durch den Erwerb dieses Meisters-Symbols und des dazugehörigen Namens nun «Meister» wären. Hier läge ein Etikettenschwindel vor, der gerade im Bereich von Esoterik und Spiritualität eher peinlich wirkte.

Mit dem Meister-Symbol wird Deine Verbindung mit dem universellen Licht wesentlich intensiver, so die Erfahrung aller meiner TeilnehmerInnen. Du fühlst Dich noch stärker mit Deinem eigenen Licht verbunden. Du kannst besser annehmen und integrieren, also leben, daß Du einen Körper und Emotionen und Gedanken hast, aber Seele, Lichtkörper und Selbst bist. Du wirst von innen her mehr Mitgefühl entwickeln und gleichzeitig selbstsicherer werden, Deine eigenen Bedürfnisse, die genauso wertvoll sind wie jene der anderen Menschen, in der rechten Weise zu beachten. Eine Schülerin berichtete mir, daß sie sich nun mehr als Teil des Ganzen erlebt und daß das Ganze nun auch stärker durch sie lebt.

Im Reiki-Zentrum Allgäu dauerte der Reiki-Kurs zum 3a-Grad bisher drei Tage; wir sind dabei, auf mindestens vier oder auf fünf Tage umzustellen, um das Erleben zu vertiefen und um die vielen Fragen, die selbstverständlich auftauchen, auch wirklich angemessen besprechen zu können.

Einen Tag widme ich allein den Möglichkeiten und Zielen, den Einsichten und Erfahrungen, welche der 1. und der 2. Reiki-Grad bieten. Am Schluß dieses Tags gehen wir sehr persönlich und direkt auf die Motivationen ein, aufgrund derer die Teilnehmer überhaupt den 3a erlangen möchten. Nach diesem ersten Tag kann sich jeder Teilnehmer frei entscheiden, ob er den «Meister-Kurs» weitermachen will oder lieber nicht. (Wer sich entscheidet, nicht weiter teilzunehmen, zahlt bei uns im Reiki Zentrum Allgäu dann auch nichts; der erste Tag ist ein kostenloser Einführungstag.)

Am zweiten Tag lernst Du das Meister-Symbol kennen, seinen Namen und seine Bedeutung und Hintergründe. Wir üben gemeinsam, wie Du das Meister-Symbol in der täglichen Reiki-Praxis anwenden kannst.

Am dritten und vierten Tag erlernst Du das sogenannte «universal attunement». Der Begriff ist leider etwas irreführend, weil es keineswegs um eine «Universaleinstimmung» geht; mit den vier Einzel-Einstimmungen des 1. Reiki-Grads ist die vollständige Verbindung mit der Reiki-Kraft bereits erfolgt. Die weitere Einstimmung im 2. Grad macht Dich aufnahmefähig für die Symbole und die Arbeit damit. Das «universal attunement» wirkt nach meiner Erfahrung wie eine «Nach-Einstimmung», so wie wir ein einmal richtig eingestimmtes Klavier gelegentlich nachstimmen müssen.

An einem eventuell fünften Tag (vielleicht ist das nur ein halber Tag) kommt es zur Besprechung der vielen Fragen, die der Kurs aufgeworfen hat. Bislang haben wir das etwa eine Woche später an einem gesonderten Abend gemacht, was für sich hat, daß durch die Zeit dazwischen vielleicht noch neue wichtige Fragen dazugekommen sind.

Das «Universal Attunement»

Das «universal attunement» dient sowohl der Selbsteinstimmung wie der Fremdeinstimmung.

Deine Reiki-Arbeit bekommt eine ganz andere Dynamik, nachdem Du gelernt hast, wie Du Dich durch das «universal attunement» immer wieder einmal nach-einstimmen kannst. Durch die täglichen Impulse und Einwirkungen des Alltags ist die Gefahr recht groß, daß wir die bewußte Verbindung mit unserer Innenkraft verlieren. Wenn Du als «Meister-Schüler» solche Augenblicke wahrnimmst, kannst Du Dich durch die Selbsteinstimmung mit dem «universal attunement» immer wieder neu bewußt mit dem Göttlichen in Dir, mit Deinem wahren Selbst zurückverbinden.

Mir persönlich hat das «universal attunement» auch deutlich geholfen, meine innere Stimme vernehmlicher zu hören und ihr im täglichen Leben stärker zu vertrauen.

Wenn Du den 3a-Grad im Reiki erlernt hast, kannst Du das «universal attunement» auch dazu verwenden, Reiki-Interessenten, die (noch) keine vollgültige und vollständige Einstimmung in den 1. Reiki-Grad erlangen möchten, eine erste Erfahrung mit der Reiki-Kraft zu vermitteln, ohne daß sie einen Kurs besuchen (und bezahlen) müssen.

Dabei werden diese Menschen die Kraft in ihren Händen spüren, sie fühlen, daß es eine Energie gibt; allerdings ist diese Verbindung nicht dauerhaft, sondern wird nach drei bis vier Tagen «verblassen» und dann wieder ganz verschwinden.

Die Selbsteinstimmung

Manche Schulen nehmen die Einstimmung und Ausbildung des 3a und des 3b zusammen; ich halte eine getrennte Unterrichtung in den «Meister-» und den Lehrer-Grad für sinnvoller.

Vor der Teilnahme an einem der von mir geleiteten «Meister-Kurse» zum 3a-Grad halten die Menschen eingehende persönliche Rücksprache mit mir. Ich erwarte den Nachweis von mindestens einem Jahr praktischer Arbeit mit Reiki im 2. Grad, lieber länger. Außerdem haben diese Menschen mindestens einmal, besser zwei Male oder sogar öfter bei Kursen zum 1. und zum 2. Reiki-Grad hospitiert. Förderlich und schön wäre es, wenn der betreffende Mensch – durchaus auf seine eigene Weise – Erfahrungen mit Meditation und Gebet hat sammeln können.

Diese Voraussetzungen halte ich für sinnvoll, weil wir uns alle in einer ständigen Entwicklung befinden, sowohl auf der persönlichen als auch auf der beruflichen Ebene. Damit entwickelt sich auch die Weise, wie wir Reiki aufnehmen und weitergeben, wie wir mit eigenen und fremden Erfahrungen umgehen, wie wir Reiki ausüben. Nur, wenn sich ein Mensch bewußt in diesen laufenden Fortbildungsprozeß aktiv integriert und ihn mitvollzieht, ist er meines Erachtens in der Lage, sein Fundament von Bewußtsein und Reiki weiter auszubauen und Reiki und Energiearbeit dynamisch anzuwenden und zu vermitteln. Ich kann gut damit umgehen, daß manche Interessenten «abspringen» und diese Art von Vorbereitung für zu aufwendig halten.

Den 3. Reiki-Grad kannst Du – finde ich – nicht einfach «kaufen», sondern Du mußt Dich wirklich prüfen, ob Du ihn brauchst und ob Du ihn willst, was Deine Gründe dafür sind und ob diese Gründe eine tragfähige dauerhafte Basis für Deine Reiki-Arbeit und Deinen Lebensplan darstellen.

Die Fremdeinstimmung

Wenn Du dann später den aufrichtigen Wunsch in Dir spürst, Reiki nicht nur anzuwenden, sondern auch als Lehrer anderen Menschen zu vermitteln, setzt Du die Ausbildung im 3. Grad fort mit dem Kurs zum 3b, dem Reiki-Lehrer-Grad. Eine solche Ausbildung in Theorie und Praxis dauert etwa neun bis zwölf Monate.

8. Zusammenhänge zwischen Körpersymptomen und Lernaufgaben

Übersicht zu wichtigen Krankheitssymptomen und Disharmonien der Persönlichkeit als mögliche Ursache dafür; Wenn der Mensch nicht gesund wird... mit Angaben zur jeweiligen Lernaufgabe – Beispiele aus der Reiki-Praxis

Krankheit ist der äußerliche Ausdruck einer Disharmonie zwischen Seele und Persönlichkeit, es ist ein letztes Signal der Ganzheit Mensch, daß etwas im Zusammenspiel zwischen Körper, Geist und Seele nicht stimmt.

Selbstverständlich ist es notwendig, auch die Symptome von Leiden zu lindern. Eine alleinige Symptombehandlung jedoch, wie sie als Folge einer materialistischen Weltanschauung und eines Menschenbildes modern geworden ist, in dem der Mensch nur als eine «Maschine» betrachtet wird, führt in die Irre. Das eine oder andere Symptom mag verschwinden, neue, schwieriger zu behandelnde tauchen zwangsläufig früher oder später wieder auf, weil keine Ursachenforschung betrieben wurde und weil der Mensch die Lernaufgabe des jeweiligen Krankheitsgeschehens nicht angenommen hat. In manchen «Eso-Kreisen» wird die Suche nach den Ursachen leider aber auch übertrieben.

Wir haben es mit zwei Polen in der gegenwärtigen Medizin zu tun: hier ist die mechanistische Schulmedizin, die auf Medikamente und Operationen setzt, um die Symptome zu kurieren. Dort ist eine alternative Medizin, die hinter jedem Schnupfen eine karmische Lernaufgabe zur Selbstreinigung sieht, hinter einer Schnittverletzung düstere, versteckte Aggressionen vermutet, und so fort.

125

Ich meine, daß es sinnvoll ist, sowohl Symptome zu lindern wie nach den Ursachen zu forschen. Ich meine, daß wir bei der Ursachenforschung sowohl naturwissenschaftliche Prinzipien anwenden sollten, als uns auch für mögliche Botschaften zu öffnen, die durch die Krankheit aus geistigen Ebenen an den Organismus weitergegeben werden. Es kommt darauf an, daß wir eine offene, zugleich empfängliche und kritische Haltung bewahren. So können wir sowohl der herkömmlichen Medizin gegenüber aufgeschlossen bleiben wie einer spirituellen Betrachtungsweise gegenüber offen werden.

In den Kursen gebe ich gern folgendes Beispiel: Wenn wir mit unserem Auto über Land fahren und eine Signallampe leuchtet auf, teilt uns das mit, daß wir entweder Kühlwasser oder Öl nachfüllen müssen, eine Tür nicht richtig geschlossen ist, oder anderes. Es würde wenig Sinn machen, bei der nächsten Werkstatt die Lämpchen so schalten zu lassen, daß sie nicht mehr aufleuchten. In ähnlicher Weise sind Krankheiten Warnsignale von einer höheren Instanz in uns, die uns damit auf etwas aufmerksam machen möchte.

Auf einige häufige Beschwerden und die Botschaften, die in diesen Leiden möglicherweise enthalten sind, möchte ich kurz eingehen. Mehr zu solchen Entsprechungen findest Du in den Büchern von Louise Hay, Thorwald Dethlefsen und Rüdiger Dahlke.

Allerdings warne ich ausdrücklich davor, sowohl die folgenden möglichen Entsprechungen zwischen Krankheiten und Warnsignalen der Seele als auch die aus anderen Büchern als hundertprozentig feststehende Regeln mißzuverstehen. Damit würden wir nur das materialistische Denken nun auch in diesen Bereich übertragen.

Jeder Mensch ist ein lebendiger Organismus, der eine bestimmte karmische Vergangenheit, eine aktiv zu gestaltende

Gegenwart und eine schöpferische Zukunft besitzt, die wir nicht durch mechanistische Gleichungen oder Formeln beschränken sollen oder können.

Vielmehr soll die untenstehende Übersicht Dir helfen, eine erste Orientierung über Lernaufgaben zu gewinnen, die bestimmte Beschwerden vielleicht in sich tragen.

Magenprobleme

«Ich bin sauer», «Mir schlägt das alles auf den Magen», «Ich fresse alles in mich hinein», «Liebe geht durch den Magen», «Ich schlucke immer alles herunter» – Sätze, die uns allen recht vertraut sind und die in der Weisheit aus dem Volksmund bereits zum Ausdruck bringen, was häufige Ursachen von Gesundheitsproblemen des Magens sein können.

Menschen mit Beschwerden in diesem Körperbereich, Menschen, welche solche Sätze öfters benutzen, fehlt meist die Fähigkeit, Konflikte und Herausforderungen selbstverantwortlich zu lösen sowie mit Ärger und Aggressionen offen umzugehen.

Das läßt sich sogar manchmal an der Ernährung von Menschen ablesen, die Magen-Beschwerden haben, denn sie haben eine Vorliebe für passierte Kost, weiche Nahrungsmittel. Hartes – zum Beispiel Vollkornbrot oder Möhre – liegt ihnen «zu schwer im Magen». Das wäre ein Zeichen dafür, daß sie bereits hier Konflikten aus dem Wege gehen. Irgendwo sehnen sich diese Menschen nach der Kindheit, in der ihnen alles leicht gemacht wurde und sie keine eigenen Entscheidungen treffen mußten (oder durften).

Diese Menschen richten ihre Gefühle (und ihre Aggressionen) gegen sich selbst, nach innen – was ihnen selbst oft natürlich gar nicht bewußt ist –, anstatt in der Außenwelt eine konkrete Lösung herbeizuführen und konstruktiv mit diesen Energien umzugehen – oder sie zumindest über ein Ventil «abzulassen». Sie «fressen» alles in sich hinein, sie entwickeln zuviel Salzsäure (buchstäblich!), das führt dann eines Tages zu Magengeschwüren und zur Durchlöcherung der Magenwand…

Für Magen-Kranke ist es wesentlich, sich bewußt und offen, ohne sich selbst zu beurteilen oder gar zu verurteilen, mit den eigenen Gefühlen auseinanderzusetzen. Sie sollten sich fragen, ob sie sich selbst ein reiches Gefühlsleben überhaupt erlauben? Gestatten sie sich selbst, Gefühle zu entwickeln, anzusehen, darauf einzugehen?

Diese Menschen können lernen, äußere Konflikte anzuschauen und sie überhaupt als solche zu erkennen. Denn diese Personen sind oft der Meinung, sie hätten gar keine Konflikte in ihrem Leben.

Auch sollten sich Menschen mit Magen-Beschwerden prüfen, inwieweit sie Träumen aus Kindertagen nach Geborgenheit, mütterlicher Liebe und Umsorgtsein nachhängen. Der erste Schritt zur ganzheitlichen Heilung besteht darin, die Ursache zu erkennen. Ein zweiter Schritt wäre, daß dieser Mensch dann sein Bedürfnis nach einem erfüllteren Gefühlsleben auch in Familie, unter Freunden, sogar am Arbeitsplatz – «Man muß ja Mensch bleiben, woll», pflegte Jürgen von Manger uns zu erinnern – zum Ausdruck bringt. Und nicht zuletzt darf er sich gestatten, mit dem Erleben von Gefühlen bei sich selbst zu beginnen.

Selbst Menschen, die nach außen hin gar nicht unsicher wirken, sondern vielmehr ehrgeizig und erfolgreich sind, haben mit Magen-Problemen zu tun. Das kann durchaus auch bei diesen Personen ein Hinweis darauf sein, daß sie ganz tief unten noch nicht mit ihren Emotionen zurecht kommen, daß ganz tief innen eine große Sehnsucht nach Liebe, Anerkennung und menschlicher Wärme steckt. Auch für sie gilt also die Aufforderung, sich mit den oben genannten Fragen zu befassen.

Zwischen dem Solarplexus, dem Nabelzentrum, und dem Kehlkopf-Chakra gibt es wichtige Zusammenhänge. Magen-Kranke, die «alles herunterschlucken» oder in sich «hineinfressen», anstatt zum Ausdruck zu bringen, was sie beschwert, haben Probleme mit ihrer geistigen Klarheit und ihrer Kommunikation, also dem Austausch mit anderen. Deshalb ist es sinnvoll, auch über das Hals-Zentrum an diesem Thema zu arbeiten.

Richte die Anwendung von Reiki, zum Beispiel im Rahmen der Übung mit dem siebenarmigen Leuchter, vor allem auf den Bereich des Sonnengeflechts und des gesamten Oberbauchs sowie das Kehlkopfzentrum und den ganzen Hals.

Probleme mit Dünn- und Dickdarm

«Jemand hat ‹Schiß›», «Jemand macht sich in die Hosen», «Der Teufel kackt immer auf den selben Haufen», «Mir stinkt's», «Du Schleimscheißer», «Jemand ist ein A....-Kriecher» – typische Sätze aus der Ausscheidungs- und Analsphäre.

Im Dünndarm erfolgt die Weiterverdauung des im Magen vorverdauten Speisebreis durch Aufspaltung in Einzelbestandteile und Assimilation (Aufnahme der Nahrungsmittelbestandteile in das Blut).

Beschwerden im Dünndarmbereich weisen manchmal auf eine gesteigerte Analyse, Aufspaltung und Detailbehandlung hin. Oft neigen diese Menschen auch zu einem Übermaß an Kritik. Der Dünndarm steht auch für Existenzängste. Die Angst, nicht alles wirklich aus den Lebensmitteln herausholen zu können, irgendwie zu kurz zu kommen, im Leben nicht alles «herauspressen» zu können, was «verwertbar» wäre, regiert.

Die Kehrseite dieser Medaille lautet, daß ein deutlicher Mangel an Analyse und Assimilation bestehen könnte.

Das häufigste Symptom bei Dünndarmbeschwerden ist Durchfall. Das ist ein Hinweis auf die Existenz einer Angstproblematik. Wenn Du Angst hast, kommen Analyse und Assimilation, genaues Anschauen und Verarbeiten, zu kurz und alles, was Du aufnimmst, «fällt einfach durch».

Aus therapeutischer Sicht ist es in solchen Fällen wichtig, sich darüber klarzuwerden, daß es um die Themen Loslassen, Ausdehnung, Flexibilität und Geschehenlassen geht.

Wenn Du mit Reikienergie an der Angst arbeiten möchtest, ist folgende Handposition zu empfehlen: Eine Hand liegt oberhalb des Bauchnabels flach und leicht auf, die andere unterhalb des Bauchnabels.

Lasse Deine Hände, so oft Du kannst, auch im Alltag, und so lange es Deine Zeit erlaubt, auf diesen Stellen liegen. Wenn Du Reiki bereits im 2. Grad praktizierst, verwende auch das Kraftsymbol oder das Kraft- und das Schutzsymbol gemeinsam.

Außerdem führe die Übung durch zum Auflösen von Angst, so wie sie beschrieben wurde, wenn Du Reiki im 2. Grad anwendest. Du kannst die Übung auch ohne Symbole durchführen, indem Du Deine Hände einfach auflegst und geschehen läßt.

Über den Dickdarm erfolgt die Ausscheidung all dessen, was vom Körper nicht gebraucht wird beziehungsweise nicht mehr aufgenommen werden kann.

Dickdarm-Beschwerden gehen oft einher mit den Themen Festhalten, Nicht-Hergeben-Wollen und im weiteren auch mit Geiz.

Das häufigste Symptom bei Dickdarmbeschwerden ist Verstopfung. Dabei halten wir sowohl an materiellen Dingen fest als auch an (häufig unbewußten) Gewohnheiten, Verhaltensmustern, überholten Lebenszielen.

Ganz wichtig ist hier der Bewußtwerdungsprozeß: was halten wir fest, wie halten wir fest, warum halten wir fest? Die Reiki-Übung zum siebenarmigen Leuchter hilft, mehr Harmonie in Dein Energiesystem zu bringen.

Nierenleiden

«Das geht mir an die Nieren» und «Auf Herz und Nieren prüfen» sind zwei bekannte Redensarten.

Das wichtigste Thema der Nieren sind Kontaktfähigkeit, mitmenschliche Begegnung und somit auch Partnerschaften. (Dabei handelt es sich nicht um den Aspekt der Sexualität in Beziehungen, die über die Keimdrüsen ihre Entsprechung findet.)

Partnerschaft ist im allgemeinen der Versuch, Yin und Yang miteinander auszugleichen oder gar zu verschmelzen, also Weibliches und Männliches schöpferisch aufeinander zu beziehen.

Bei Nierenproblemen geht es oft darum, daß uns in unserer Beziehung Schattenaspekte unseres eigenen Selbst gespiegelt werden. Nierenbeschwerden weisen häufig auf unbewußte oder verdrängte Partnerschaftsprobleme hin.

Ganzheitliche Heilung beginnt in diesen Fällen damit, bestehende Konfliktpunkte nicht unter den Teppich zu kehren, sondern wahrzunehmen und offen auszutragen, um sie zu klären. Versuche einmal wahrzunehmen, ob all das, was Du an Deinem Partner kritisierst oder nicht magst, auch etwas mit Dir selbst zu tun haben könnte. Die Frage an Dich selbst könnte lauten: «Kann ich die Verhaltensweise, die mich an meinem Partner stört, auch bei mir selbst entdecken?»

Deine Seele will sich weiter entwickeln. Wenn Du an alten Mustern in Deiner Beziehung festhältst, führt das früher oder

131

später zu Energieblockaden. Spüre also hinein, wo Du wieder mehr Energie in den Fluß bringen kannst.

Lasse die Lichtenergie in die Nierenbereiche einstrahlen, indem Du die Hände auf oder dicht über die Taille hältst. Empfehlenswert ist auch die Kopfposition mit den Händen auf Stirn und Hinterkopf (siehe Punkt 4 bei der Übung zur Linderung von Stress auf Seite 79).

Blasenbeschwerden

Die Blase hängt zusammen vor allem mit psychischem Druck, Erwartungsangst, Streß und Prüfungssorgen. Wir fühlen uns «unter Druck», was uns auffordert, loszulassen. Wir erleben, wie befreiend einerseits, manchmal aber auch schmerzhaft es ist, loszulassen.

Die häufigsten Beschwerden sind Blasenentzündungen, Schmerzen beim Harnlassen sowie seltener Harnverhaltung (Du mußt, kannst aber nicht). Bei Kindern kommt es zu Bettnässen über das «normale» Alter hinaus, wenn sie alles richtig machen wollen, aber Angst haben, das nicht zu schaffen (dann fehlt also Liebe und Anerkennung durch die Eltern!), aber auch, wenn sich die Eltern getrennt haben.

Werden wir uns also bewußt, wo, wie und wann wir uns selbst immer wieder unter Druck setzen oder setzen lassen, oder in welchen Fällen und warum wir (noch) nicht loslassen können. Dabei kann es uns helfen, im Alltag so häufig wie möglich die Hände auf den Unterbauch zu legen, auf das unterste Energiezentrum (Wurzel-Chakra), oder eine Ganzkörperbehandlung sich selbst zu geben oder sich geben zu lassen – um endlich einmal ganz abschalten zu können.

Herzprobleme

«Etwas auf dem Herzen haben», «Sich etwas zu Herzen nehmen», «Seinem Herzen einen Stoß geben», «Ein herzzerreißendes Erlebnis», «Das Herz lacht mir im Leibe», «Das Herz auf dem rechten Fleck tragen», «Mein Herz fällt mir vor Schreck in die Hose», «Das Herz auf der Zunge tragen», «Aus seinem Herzen keine Mördergrube machen», «Das Herz zerbricht mir», «Etwas (nicht) über's Herz bringen», «Ein Herz und eine Seele sein», «Auf Herz und Nieren prüfen», «Sein Herz ausschütten», «Wach auf mein Herz und singe!». Zum Thema Herz und Schmerz gibt es eine schier unübersehbare Zahl von Sprüchen, Redensarten und Zitaten.

Beim Herzen geht es um Gefühle, um unser Inneres, um Ideale, um die Essenz des Lebens. Wenn ein Mensch Herzbeschwerden hat, deutet das daraufhin, daß er oder sie versäumt haben, genügend auf das Herz zu hören und wohl vorwiegend oder fast nur aus Kopf und Verstand heraus leben. Wir sollten uns dann fragen:

– Gebe ich meinen Gefühlen genügend Raum und Ausdruck?
– Bin ich bereit, Freude in mein Leben aufzunehmen oder werde ich ganz starr, wenn sich eine solche Gelegenheit ergibt?
– Läuft mein Leben nach einer rigiden Regel ab oder bin ich offen für spontane, fröhliche und liebevolle Entwicklungen?

«Öffne die Herzen der Menschen, dann öffnet sich Dir das Himmelreich,» lautet ein Spruch aus der Bibel.

Aus dem Reiki-System empfiehlt sich der siebenarmige Leuchter, um wieder bewußt in die Erfahrung von der Einheit allen Lebens einzutauchen und Dich wieder mehr im Herzen zu zentrieren.

Kreislaufbeschwerden

Der Hypotoniker, der zum niedrigen Blutdruck neigt, fordert sich selbst zu wenig heraus, geht nicht an seine Grenzen und «drückt» sich davor, seine Kraft zu nutzen und Chancen zur Entwicklung zu ergreifen. Im schlimmsten Fall entzieht er sich einer Situation durch «Ohnmacht», durch scheinbare Abgabe seiner Macht.

Der Hypertoniker, der zum hohen Blutdruck neigt, sucht die Konfliktsituationen, was seinen Blutdruck steigert. Wenn er in dieser Situation steckt und sich womöglich ausspricht, dann sinkt sein Blutdruck wieder. Diese Menschen haben eventuell eine Tendenz zum Herzinfarkt.

Bei beiden Typen gibt es einen Mangel, Probleme wirklich konstruktiv zu lösen – entweder geht man ihnen aus dem Wege oder man bauscht sie unnötig auf, ohne eine Lösung zu finden.

Bei Unterdruck empfehle ich neben regelmäßigen Reikianwendungen sportliche Betätigung und Kneipp-Anwendungen, also körperliche Bewegung, um die Energie wieder in Fluß zu bringen.

Bei Überdruck rate ich, daß sich diese Menschen ernsthaft um die Lösung der Probleme kümmern, über die sie sich allzugern aufregen. Jede Form von Reiki-Anwendung wird helfen, besonders die Ganzkörperbehandlung.

Kopfschmerzen

«Ich zerbreche mir den Kopf», «Er hat ein Brett vorm Kopf», «Mit dem Kopf durch die Wand gehen», «Mir brummt der Schädel», «Du bist ein Dickkopf», «Das geht mir nicht in den Kopf» – so spricht der Volksmund einige Probleme mit dem Kopf an.

Der Kopf steht für das Ich, den Verstand, die Vernunft und das Denken. Der Kopf ist unser sensibelstes Warnsystem; Kopfschmerzen zeigen an, daß in unserem Denken etwas nicht stimmt. Vielleicht grübelst Du zu viel, Du willst Dich immer gedanklich absichern, und so fort. Kopfschmerz zeigt immer Anspannung und wird deshalb durch Entspannung, durch Loslassen, gelöst.

Beim Spannungskopfschmerz finden wir oft synchrone Verspannungen im Hals-, Nacken- und Schulterbereich. Das sind Anzeichen für Überlastung durch zu starken Leistungsdruck, vor allem durch «Kopfarbeit». Deshalb finden wir oft Menschen mit hohem Ehrgeiz und Perfektionsansprüchen, die diese Art von Kopfschmerzen beklagen. Sie werden schnell zu kopflastig und vergessen dabei häufig ihre Gefühle.

Zur Lösung von Spannungskopfschmerzen empfehle ich aus dem Reiki-System die Harmonieübung oder «Segens-Bombe», alle Kopfpositionen und die Herzposition. Alle diese Übungen werden Dir helfen, das «Ich will», den Ehrgeiz, Starrheit und «Dickköpfigkeit» loszulassen und wieder mehr auf Deine Gefühle acht zu geben.

Migräne

Migräne ist eine besondere Form des Kopfschmerzes, bei dem meist nur eine Hälfte des Kopfes betroffen ist. Der Migräne-patient hat im Regelfall große Probleme mit seiner Sexualität, die er verdrängt, sublimiert oder zu stark in den Kopf verlagern will. Migräne betrifft in unseren Gesellschaftsformen überwiegend Frauen, besonders in «gehobenen» Kreisen, die sich selbst und anderen ihre Problematik aber nicht eingestehen können, was der erste Schritt zur Veränderung ihrer Situation sein könnte.

Sicher kennst Du Aussprüche wie «Aber damit (mit Sex) habe ich doch nichts mehr zu tun» oder «Aus dem Alter bin ich schon lange heraus». Manche bezeichnen die Migräne als einen «frustrierten Orgasmus im Kopf».

Bei Migräne ist vor allem zu raten, die eigenen Gefühle mehr anzuerkennen und stärker auszuleben, auch körperlich. Sexuelles Erleben kann durchaus die Spannungen lösen, welche sich sonst in den Kopf verlagern. Stelle Dich also ehrlich und ungehemmt Deinen persönlichen sexuellen Themen.

Aus dem Reiki helfen: die Harmonieübung, der siebenarmige Leuchter und alle Unterbauchpositionen, besonders jene, die das Zentrum am dritten Auge und das Sakral-Zentrum untereinander ausgleicht.

Der rheumatische Formenkreis

Dazu gehören Rheuma, Gicht, Arthritis und andere schmerzhafte Veränderungen in Gelenken und Muskulatur. Die Beschwerden beginnen meist mit morgendlicher Steifheit und geröteten, geschwollenen und schmerzhaften Gelenken. Das beginnt in den peripheren Extremitäten (Finger und Hände, Zehen und Füße).

Menschen mit diesen Leiden opfern sich im Alltag häufig für andere auf, sind geradezu überaktiv im Schaffen und Helfen – dadurch kompensieren sie ihre Unbeweglichkeit im Bewußtsein.

Eine andere Gruppe von Menschen mit diesen Symptomen neigt eher zu Starrsinn, Festhalten an Altem und Geiz.

Die dritte Gruppe unterdrückt alle aggressiven Impulse in sich und richtet diese auf sich selbst. «Da muß man mal richtig mit der Faust auf den Tisch schlagen,» ist ein Satz, der dafür typisch ist. Das wiederum erzeugt Schuldgefühle.

Behandle Dich über einen längeren Zeitraum regelmäßig mit Reiki, um Dir Deine persönliche Thematik bewußter zu machen. Du solltest natürlich auch daran denken, daß Fleischkonsum Deinem Körper viele Purine beziehungsweise Harnstoffe zuführt, die sich in den Gelenken ablagern und physiologisch zu rheumatischen Beschwerden führen. Am besten ist eine rein vegetabile und dabei ausgewogene, ganzheitliche Kost sowie reichlich klare Flüssigkeit (Quellwasser, leichte Kräutertees, stark verdünnte Fruchtsäfte) und möglichst wenig oder besser gar keinen Alkohol.

Zum Abschluß dieses Kapitels möchte ich jedem Leser noch Worte von Sogyal Rinpoche mit auf den Weg geben:

«Halten wir die Dinge für dauerhaft, schließen wir die Möglichkeit aus, von Veränderungen zu lernen. Wir werden dann verstockt und beginnen zu greifen und festzuhalten. Dies Greifen und Festhalten ist die Quelle all unserer Probleme.»

9. Reiki und Dogmen

Zu den gegenwärtigen Diskussionen innerhalb der Reiki-Bewegung über «Verwässerung», «einzig wahre Lehren», Reiki als Technik, Reiki als Energie, «Reiki-Gurus» und freie Reiki-Meister/Lehrer, Mythenbildung im Reiki und «Schnell-Reiki».

Bei Reiki geht es mir in erster Linie um die Essenz, nicht um die Form. In der letzten Zeit nehme ich wahr, daß immer mehr Menschen versuchen, an der Form festzuhalten. Das äußert sich einerseits darin, daß Reiki vielfach als reine «Technik» mißverstanden wird und Formen der Anwendung, der Handpositionen, der Symbolausführung und so fort starr festgelegt und gelehrt werden sollen. Andererseits gibt es Bestrebungen, Reiki-Worte, Schriftzeichen und andere Elemente patentrechtlich «schützen» zu lassen und sie damit einer einzigen vermeintlichen Autorität zu unterstellen.

Mit Reiki zu arbeiten bedeutet, an die Quelle allen Seins angeschlossen zu sein. Reiki wird aus dieser Fülle heraus immer das in Dein Leben bringen, was aus der höheren geistigen Sicht für Deine Bewußtseinsentwicklung am geeignetsten ist. Es kann durchaus sein, daß das manchmal dem Ego zuwiderläuft.

Wenn es wirklich um die höchste Kraft gehen soll, wenn wir von einer «universellen Lebensenergie» sprechen, wenn Du Dich um die Öffnung für den göttlichen Geist bemühen möchtest, sind bestimmte feste Formen bestenfalls eine erste Hilfe, ein «Weg zum Weg». Wer Formen verselbständigen will, wer die Essenz vernachläßigt und sich statt dessen an die vermeintliche Sicherheit der Form klammert, durch welche er eine erste Erfahrung der höheren Kräfte gewinnen durfte, versucht, Reiki kleiner zu machen als es ist.

Nicht ohne Grund spricht die Heilige Schrift davon, daß Gott nicht in vom Menschen gemachten Häusern wohnt: «Aber der Allerhöchste wohnt nicht in Tempeln, die mit Händen gemacht sind». (Apg 7,48)

Und weiter lesen wir: «Der Tempel Gottes ist heilig, der seid ihr.» (1 Kor 3,17)

So schön die äußere Form sein mag, weitaus wichtiger ist doch der ihr innewohnende Geist, der sich nach freiem Belieben jederzeit in einer anderen Form manifestieren kann. Deshalb stellen die Bemühungen, sich selbst und andere auf ganz bestimmte Technikformen der Reikierfahrung und -übermittlung festzulegen, so gut sie auch gemeint sein mögen, keine echte Hilfe dar, sondern vielmehr eine nicht zu unterschätzende Behinderung des Zugangs zur universellen Lebensenergie.

«Verwässerung» und «einzig wahre Reiki-Lehren»

Es gibt immer mehr Reiki-Meister/LehrerInnen, und das Interesse an Reiki-Kursen wächst ebenfalls. Das hat dazu geführt, daß sich eine ganze Reihe von unterschiedlichen Richtungen gebildet hat. Letztlich beziehen sich diese immer auf Dr. Mikao Usui und leiten ihre Glaubwürdigkeit und Kompetenz aus einer tatsächlich oder vermeintlich autorisierten Fortführung seiner Lehren ab. Dabei nennen sich manche Richtungen nach außen hin ganz anders, als ob sie etwas völlig Neues anzubieten hätten, und verwenden den Begriff Reiki gar nicht mehr. Gleichzeitig gibt es eine ganze Reihe von «freien» Lehrern, die zwar nach der einen oder anderen Schule ausgebildet wurden, jedoch keiner speziellen Richtung angehören. Die Versuchung, mit Reiki unter Umständen schnell viel Geld zu verdienen, hat ebenfalls zu vermehrten Reikiangeboten geführt.

Aus den oben genannten Gründen gibt es eine «Reiki-Inflation», in der manches als Reiki angeboten wird, was mit den ursprünglichen Lehren nicht mehr viel zu tun hat. Das erlebe ich zumindest in vielen meiner Seminare und Reiki-Einstimmungen, wenn Menschen kommen und um eine «Wiederholung» der «Einweihung» bitten, weil sie bei ihren bisherigen Einstimmungen nicht viel oder anderes erfahren haben, als in der kompetenten Reiki-Literatur beschrieben wird.

Als Reaktion auf diesen Mißstand – die zahlreichen und manchmal wenig seriösen Reiki-Angebote – sind einige altgediente Reiki-LehrerInnen auf die Idee gekommen, Reiki, bestimmte Reiki-Begriffe, die Reiki-Schriftzeichen und manche Reiki-Techniken urheberrechtlich und patentrechtlich «schützen» zu lassen und den Weg der juristischen «Verteidigung» von Reiki-Traditionen zu beschreiten. Auch das löst natürlich erhebliche Bedenken aus: Wer soll denn berechtigt sein, eine Energie zu schützen? Wer kann hieb- und stichfest nachweisen, daß «sein» Reiki das «richtige» ist? Wer kann die Existenz und die Gültigkeit der Lehren von Dr. Usui beweisen? Erinnert dieses Unterfangen nicht vielleicht an die Frage eines Indianerhäuptlings an die europäischen Eroberer: Wie kann ein Mensch ein Stück Land besitzen, es kaufen und verkaufen wollen? Können wir Menschen die Atemluft besitzen und kaufen oder verkaufen?

Die Essenz von Reiki ist Energie, nicht Form. Wie sinnvoll ist es zu versuchen, Formen gesetzlich festlegen zu wollen, um damit vermeintlich den Geist, den Inhalt, zu schützen? Welche gesellschaftspolitische Anschauung mag dahinter stehen?

Ich persönlich vertraue darauf, daß jeder interessierte Mensch, jede Seele, die nach Wahrheit und Sinn sucht, dann zu «ihrem»

140

Reiki-Lehrer kommt, wenn sie dafür offen ist. Zahlreiche meiner Teilnehmer berichten mir immer wieder, wie wichtig es für sie war, bei einem Reiki-Lehrer gewesen zu sein, der noch nicht ihren Erwartungen entsprach, weil sie dann den Unterschied im Vergleich mit anderen Angeboten sehr viel deutlicher und gewinnbringender wahrnehmen konnten.

Spätestens, wenn der Reiki-Lehrer auf Fragen nach inneren, geistigen Zusammenhängen und der Anwendung von Reiki für die Bewußtseinsentwicklung mit unbefriedigenden Auskünften oder gar mit Floskeln antwortet – «Das ist eben so», «Warum fragen Sie soviel», «Das kann ich Ihnen auch nicht so genau sagen», «Das gibt es nicht», «Im Reiki kann man nichts von anderen übernehmen» – wird sich der Reiki-Schüler überlegen, ob er nach einem anderen Zugang zu Reiki sucht.

Reiki als Technik

Viele Menschen betrachten Reiki als eine Energietechnik, die erstaunliche Möglichkeiten bietet, durch Handauflegen, Anwendung geheimer Symbole und bestimmter anderer mentaler Praktiken Menschen körperlich und psychosomatisch zu heilen. Sie sehen Reiki als eine Technik oder Methode an: Wenn diese Technik oder Methode nur richtig angewandt wird, wendet sich alles im Leben zum Besseren. Reiki bringt wundersame Heilung und anhaltende Gesundheit, Partnererfüllung und Kreativität, Erfolg und Glück.

Dabei übersehen diese Menschen, daß es nirgendwo Allheilmittel oder Alleinheilmittel gibt – weder auf den körperlich-medizinischen noch auf den emotional-mentalen Ebenen. Vielmehr ist die richtige Bewußtseinseinstellung, die offene Bewußtseinshaltung, die Bemühung um spirituelle Entwicklung die entscheidende Voraussetzung, daß jedwedes Mittel, daß irgendeine Methode oder Technik überhaupt etwas bewirken können. Wohin das Bewußtsein sich wendet, dorthin fließt die Energie.

Reiki als bloße Technik ist zu wenig, Reiki nur als Energie ohne systematische Schulung im Reiki-System ist auch zu wenig.

Reiki als Energie

Das Reiki-System bietet Dir die Möglichkeit, mit Energie und Bewußtsein zu arbeiten, im Rahmen eines relativ überschaubaren Systems, unter Anwendung bestimmter Symbole und Mantren, Techniken und Methoden. Beim Energie-Aspekt von Reiki wird manchmal übersehen, daß Energie ohne entsprechende Bewußtheit wirkungslos verpufft oder in die falsche Richtung wirkt.

Bewußtheit im Reiki hat etwas mit der Öffnung für den Willen der göttlichen Kraft zu tun (was im Kraftsymbol durch das Motto «Dein Wille geschehe» zum Ausdruck kommt) und mit der Einstellung von Rechtschaffenheit (was beim Kontaktsymbol zum Ausdruck kommt, wenn es dort um die rechtschaffene Einstellung des Herzens geht, die erst die Verbindung mit der universellen Energie möglich macht).

Reiki ist eine Art von Münze, die zwei Seiten hat: die eine Seite ist die Technik, die andere die Energie- und Bewußtseinsarbeit, welche sich nicht nur auf andere richtet, sondern die bei einem selbst beginnt.

Reiki-«Gurus» und Freie Reiki-Meister/Lehrer

Wie auf allen anderen Gebieten dient es auch dem Geist von Reiki wenig, wenn sich die einen oder anderen Reiki-Lehrer als «Gurus» aufspielen und es in der Öffentlichkeit so darstellen lassen, als ob sie, und nur sie, die erste und letzte Wahrheit sowie das geheimste und höchste Wissen über Reiki besäßen. Es kommt dann zu Aufsplitterungen, «Sekten-» und Dogmenbildung. Die Reiki-Kraft kann jedoch von keinem Menschen «gemacht» oder vereinnahmt werden.

Andererseits gibt es derzeit Bewegungen, auch im deutschsprachigen Raum, zum angeblichen «Ur-Reiki» zurückzukommen. Das ist insofern problematisch, weil kein heute lebender Mensch weiß und nachweisen kann, was Mikao Usui tatsächlich gewußt und gelehrt hat (wo inzwischen sogar seine schiere Existenz hier und da hinterfragt wird). Spätestens, wenn diese «schein-fundamentalistische» Bewegung zu den vermeintlichen Urgründen von Reiki in neue Dogmenbildung ausartet (oder zum Beispiel juristische Winkelzüge nicht scheut, um Begriffe und Zeichen patentrechtlich schützen zu lassen und sie damit dem behaupteten Mißbrauch zu entziehen), führt sich diese Bewegung selbst ad absurdum.

Selbstverständlich ist der verantwortliche Umgang mit Reiki wichtig und meines Erachtens auch not-wendend. Das ist jedoch eine Frage der Bewußtseinsentwicklung und nicht dogmatischer und/oder juristischer Festlegungen.

Sogenannte freie Reiki-LehrerInnen sind zwar im Regelfall nach einer der großen Schulen ausgebildet worden, fühlen und bezeichnen sich jedoch nicht als deren Vertreter. Damit verfügen auch sie – wenn sie wirklich solide ausgebildet wurden und weiter an sich und ihrer Reiki-Praxis arbeiten – über die Voraussetzung, Reiki offen und dynamisch, frei und kreativ sowie verantwortlich, eigenverantwortlich und geistig bewußt anzuwenden und zu vermitteln.

Mythenbildung im Reiki

Über die Herkunft und Entstehung von Reiki gibt es eine bekannte, «offizielle» Version. Diese Darstellung habe ich in meinem ersten Buch *Reiki fürs Leben* ausführlich gebracht, in diesem Buch weiter vorn in einer Kurzfassung. Inzwischen sind nicht nur wegen der tatsächlichen oder angeblichen «Geheimgrade», die als sogenannte «innere Lehre» von manchen Schulen und Lehrern angeboten werden, Zweifel aufgetaucht, sondern auch aufgrund der Tatsache, daß es sogar für die Aufenthalte und Tätigkeiten von Dr. Usui wenig bis keine wirklich überprüfbaren Beweise zu geben scheint. Die Nachfolgefragen und die leider immer wieder zu beobachtende Auseinandersetzung zwischen und unter Reiki-Schulen und Reiki-Lehrern trägt ebenfalls nicht gerade zu einem Bild der Harmonie bei, wie es dem Geist von Reiki eigentlich entspräche.

Zur Mythenbildung und sich daraus ergebenden dogmatischen Festlegungen trägt eine gewisse, meist beabsichtige Mystifizierung bei, welche Reiki als etwas ganz Besonderes, etwas, was (wohl auch aus Vermarktungsgründen) nur einer auserwählten Elite zugänglich gemacht werden kann, zu präsentieren sucht.

Daß zumindest Elemente des Reiki keineswegs erst seit Dr. Usui existieren, belegen die beiden folgenden Hinweise: Während es in der Überlieferung heißt, daß Dr. Mikao Usui zu den Reiki-Symbolen durch innere Eingebung und alte Schriften aus dem indisch-tibetischen Kulturraum gekommen sei, können wir feststellen, daß es schon bei den Ureinwohnern der Kanarischen

Inseln, den Guanchen, Darstellungen eines Symbols gibt, das dem Kraftsymbol exakt entspricht. Im Rahmen einer ZDF-Terra X-Sendung und im Begleitbuch dazu konnte der aufmerksame Beobachter das wahrnehmen. In einem Buch über Ufos von Michael Hesemann taucht dieses Symbol ebenfalls auf als Schriftzeichen angeblicher Erdenbesucher aus dem Weltraum, welche das menschliche Leben, wie wir es kennen, auf unseren Planeten gebracht haben sollen.

Ich meine, es ist an der Zeit, daß alle, denen Reiki wirklich am Herzen liegt, mit jeder Form von Geheimniskrämerei aufhören, ihr Wissen und ihre Erfahrungen offenlegen und daß die Schulen aufhören, sich gegenseitig sowie den freien Reiki-Lehrern die Kompetenz abzusprechen, Reiki «richtig» anzuwenden und zu lehren. Wenn Reiki die universelle Lebensenergie ist, so «gehört» sie allen Menschen. Natürlich sollen Symbole und Mantren nicht verantwortungslos und ohne äußere und innere Vorbereitung einfach verbreitet werden. Und natürlich ist es legitim, daß auch Reiki-Lehrer ihren Lebensunterhalt verdienen. Meinem Empfinden nach «verkaufen» wir als Reikilehrer ja nicht die universelle Lichtenergie, sondern geben Menschen Hilfestellungen, mehr Bewußtheit im Alltag zu entwickeln, indem wir das Wissen über diese Energie vermitteln. Solange Reiki aber irgendwie elitär gehandhabt wird – vom Mythos her, als Wunderheiltechnik, oder als teuer zu verkaufendes Luxusgut mit spirituellem Anstrich –, oder wenn Reiki als Heiltechnik zu Billigpreisen verramscht wird, solange wird Reiki völlig unnötigerweise intern und extern umstritten bleiben. Machen wir alle also einen neuen Anfang, um mit Reiki offen und klar, verantwortlich und liebevoll, geistig bewußt und zum Wohle der Menschen umzugehen!

Schnell-Reiki

Reiki ist für mich ein Weg der Bewußtseinsentwicklung, was ich gar nicht oft genug wiederholen kann. Entwicklung beinhaltet auch, daß Einsichten, Erkenntnisse und Erlebnisse verarbeitet, verdaut und ins Bewußtsein integriert werden müssen. Das dauert seine Zeit. Wir sollten es uns selbst wert sein, uns die dafür notwendige Zeit zu nehmen. Natürlich ist der Lebensplan jedes Menschen individuell unterschiedlich. Einer integriert in zwei Wochen, wofür ein anderer zwei Monate oder länger braucht. Dennoch: Ich halte es für unsinnig und unverantwortlich, die ersten beiden oder sogar alle drei Reiki-Grade in wenigen Wochen oder Monaten absolvieren zu wollen.

Spüre behutsam in Dich hinein, wieviel Zeit Du für Dich brauchst. Gib Dir genug Zeit, um zu üben und zu verwirklichen. Die Richtschnur am Reiki Zentrum Allgäu ist, daß zwischen dem 1. und dem 2. Grad etwa drei Monate oder mehr liegen, und zwischen dem 2. und dem 3. Grad mindestens ein Jahr, besser noch mehr Zeit.

Reaktionen auf Reiki fürs Leben

Das erste Buch von Beate Blaszok, an dem ich als Koautor mitwirken durfte, hat innerhalb sehr kurzer Zeit eine geradezu begeisterte Aufnahme bei Leserinnen und Lesern gefunden und geht nach weniger als einem dreiviertel Jahr in die dritte Auflage. Aus den vielfältigen, oft beglückenden Reaktionen – in Telefonaten, bei persönlichen Gesprächen am Rande von Seminaren und aus Briefen – geht hervor, daß dieses Buch drei Gruppen von Menschen berührt hat.

Einerseits dient es vielen Interessenten, sich ein erstes Bild über Reiki zu machen, einen «Einstieg» zu gewinnen.

Weiter können Personen, die Reiki bislang skeptisch bis ablehnend gegenüberstanden, einen freien Zugang zum Reiki-System gewinnen. Sie stellen fest, daß es sich bei Reiki, wie Beate Blaszok es vermittelt, nicht um Geheimniskrämerei, «Magie» und Geldschneiderei geht, sondern um einen hilfreichen Weg zur Bewußtseinsentwicklung und ganzheitlichen Harmonisierung und Heilung.

Und nicht zuletzt haben sich sehr viele Reiki-Lernende und sogar zahlreiche ausgebildete Reiki-LehrerInnen mit positiven Reaktionen gemeldet, die im wesentlichen besagen, daß sie Reiki nun aus einer neuen, spirituelleren Sicht begreifen.

DIE REIKI-PRAXIS will diese drei Gruppen von Menschen erneut ansprechen und ihnen ganz konkrete Hinweise und praktische Anleitungen vermitteln, wie Reiki nun über das allgemeine Verständnis hinaus auch wirklich angewandt werden kann.

Erstaunt hatte mich als Koautor das Echo einiger weniger «Offizieller». Amüsiert nehme ich als Koautor und Außenstehender in bezug auf Reiki zum Beispiel zur Kenntnis, daß sich einige «Funktionäre» daran gestört haben, daß eine große Reiki-Schule, die sich ausdrücklich auf Dr. Usui beruft und seine Tradition fortzusetzen sich bemüht, überhaupt genannt worden ist. Formales wurde kritisiert, es gab Beschwerden, daß Adressen anderer Schulen aufgenommen wurden und so fort. Es gab auch einen Einschreibebrief aus dem nordwestdeutschen Raum mit der Behauptung, der Begriff Reiki sei nunmehr patentrechtlich geschützt und dürfte nur mehr nach vorheriger Genehmigung durch den Rechtsanwalt des Schreibers (gegen Gebühr? nach Zensur?) verwendet werden. Solche Stimmen sind um so unverständlicher, als Beate Blaszok zu den tolerantesten, offensten und liebevollsten Menschen gehört, die ich kenne. Sie läßt jederzeit und überall gelten, daß andere Menschen zu den verschiedenen Themen unterschiedliche Ansichten haben, anders üben und praktizieren und so fort.

Gemeinsam diesen – sehr raren – kritischen Stimmen war das Festhalten an Äußerlichem, während die überwältigende Mehrzahl der LeserInnen die Essenz verstanden und positiv aufgenommen haben.

Hier nun einige Reaktionen von Lesern des ersten Reiki-Buchs:

«Mit großem Interesse habe ich Ihr Buch gelesen. Es hilft mir bei den täglichen Reikianwendungen sehr. Ich gratuliere Ihnen zu diesem ausgezeichneten Werk.»

«Ich habe schon viele Reiki-Bücher gelesen, es stehen bestimmt 15 hier in meinem Schrank, aber das Buch *Reiki fürs Leben* war das schönste.»

«(Ihr Buch) ist hervorragend.» «(Es) hat mich sehr beeindruckt.» «(Ihr Buch) gefällt mir sehr gut, weil es klar geschrieben ist.»

«Mit sehr viel Interesse habe ich Ihr Buch… gelesen, u.a. weil es Aspekte betrachtet und Fragen beantwortet, die in anderen Büchern über Reiki unbeachtet bleiben. Konkret meine ich, daß Sie Ihre Leser wissen lassen, daß auch Reiki-Meister nicht grundsätzlich unfehlbar sind.»

«Vielleicht dürfen wir wieder einmal auf ein so gutes Buch aus Ihrer Feder hoffen.»

10. Probleme mit Reiki

Motivation und Kompetenz von Reiki-Lehrern

Allzuoft möchten Menschen rasch hintereinander den 1. und den 2. Reiki-Grad erwerben und dann auch gleich noch den 3. Grad, alles am liebsten in weniger als einem Jahr. Zwei Motive bilden meist den Hintergrund für diese Hast.

Manche Menschen meinen, mit der anschließenden Vermittlung von Reiki in eigenen Einstimmungen und Kursen leichten und üppigen Lebensunterhalt verdienen zu können. So offensichtlich fragwürdig diese Motivation ist, ist das Thema Reiki und Geld jedoch nach wie vor ein sehr problematischer Punkt. Natürlich sollen und dürfen auch Reiki-Lehrer (von «Meistern» spreche ich im ganzen Buch ja bewußt nicht) mit ihrer Arbeit Geld verdienen. Ihr Zeiteinsatz und ihre Energie, die sie einbringen, ist etwas «wert».

Heikel wird es jedoch spätestens dann, wenn astronomische Summen verlangt werden, vielleicht verknüpft mit dem vermeintlichen Anreiz, dafür in sonst geheime Techniken mit zauberhaften Symbolen und magischen Mantren eingeweiht zu werden, die alle möglichen Heilwunder zu vollbringen imstande sein sollen.

Heikel ist ebenso, wenn Reiki zu einer Technik herabgestuft und als solche «verkauft» wird.

Schließlich ist es auch heikel, wenn Reiki-Lehrer meinen, viel Geld dafür verlangen zu sollen, daß sie selbst angeblich Reiki-Kraft übermitteln, und sie dabei übersehen, daß die universelle Lichtenergie von keinem Menschen «gemacht» werden kann.

Andere glauben, daß sie sich spirituell schneller entwickeln würden, wenn sie alle erreichbaren Reiki-Grade in möglichst kurzer Zeit absolvieren. Dabei übersehen diese Menschen, daß die spirituelle Entwicklung nichts ist, was man auf dem Markt kaufen kann, sondern eine Frage persönlicher Integration von Bewußtseinserfahrungen darstellt – ein Prozeß, der Zeit, viel Zeit braucht. Auch auf die Gefahr hin, daß ich Teilnehmer «verliere», müssen Menschen bei mir mindestens drei Monate eigene Reiki-Praxis im 1. Grad erlangen, bevor sie sich zum 2. Grad anmelden können. Das absolute Minimum zwischen dem 2. und dem 3. Grad ist für mich ein Jahr, am liebsten nehme ich solche Reiki-Interessenten, die zwei Jahre lang mit Reiki im 2. Grad eigene praktische Erfahrungen gesammelt und sich zwischenzeitlich auch in Intensivkursen weitergebildet haben.

Bisweilen höre ich davon, daß Reiki-Lehrer andere als Reiki-Lehrer ausbilden, die selbst noch nie einen eigenen Reiki-Kurs im 1. und 2. Grad gehalten haben. Selbstverständlich ist es absurd zu meinen, daß wir andere zum Reiki-Lehrer ausbilden können, ohne vorher über eine langjährige Praxis in Reikikursen der ersten beiden Grade zu verfügen. Wie sonst sollten wir denn auf all die vielen Fragen, auf scheinbar oder tatsächlich vorhandene Widersprüche, auch innerhalb des Reiki-Systems selbst, auf Probleme mit den Symbolen und den Mantren, auf (falsche) Erwartungen hinsichtlich Heilung durch Reiki und so fort kompetent eingehen können. Das bringt uns zur Frage der inneren Kompetenz von Reiki-Lehrern.

Wer sich dazu entschließt, Reiki-Lehrer zu werden, sollte sich zuerst seiner großen Verantwortung bewußt werden, die er damit übernimmt. Dieser Verantwortung gerecht zu werden bedeutet, langjährige eigene Erfahrungen in der Anwendung von Reiki im 1., 2. und 3. Grad erlangt und sehr viele eigene Kurse und Einstimmungen für den 1. und 2. Grad abgehalten zu haben. Außerdem sollte man mit seinem Reiki-Lehrer häufig zusammen sein beziehungsweise an dessen 3. Grad-Kursen teilnehmen, um wirklich firm zu werden.

150

Im Reiki Zentrum Allgäu halten wir es so, daß jeder Teilnehmer den Kurs für den jeweiligen Grad nur ein einziges Mal bezahlt, dann aber an Wiederholungen kostenlos teilnehmen kann, so oft er mag. Das dient der Vertiefung, ohne daß die Reiki-Übenden durch finanzielle Erwägungen von der Teilnahme abgehalten werden.

Zur inneren Kompetenz gehört, daß der angehende Reiki-Lehrer regelmäßig meditiert und daß er eine bewußte Ausrichtung auf sein höheres Selbst oder seine Seele pflegt. Ich halte auch die Einstimmung durch Gebete für hilfreich. Wichtig ist, den Mut zu entwickeln, sich selbst zu begegnen und die Erfahrungen aus dieser Begegnung ins eigene Leben einzubringen und die Reikischüler an eigenen Erkenntnissen teilhaben zu lassen. Und ohne die bewußte Ausrichtung auf das Göttliche in jedem Menschen, in jedem Lebewesen und in der gesamten Schöpfung ist die Reiki-Arbeit sowieso gar nicht möglich. Wer Reiki als eine bloße Technik mißversteht, die mit esoterischen Geheimsymbolen «funktioniert», hat meiner Ansicht nach noch keine wirkliche innere Kompetenz, um Reiki anzuwenden oder gar zu lehren. Wenn Reiki die universelle Lebensenergie und die allesdurchdringende Lichtkraft ist, gehört zu Reiki selbstverständlich der Bezug auf die große schöpferische Kraft, die wir Gott nennen, untrennbar dazu.

Richtig in Reiki eingestimmt?

Wenn Menschen kommen, die berichten, daß sie nach Reiki-Behandlungen an sich selbst nichts spüren oder sich matt fühlen, nachdem sie anderen Reiki gegeben haben, so wäre zu überlegen, ob die Einstimmung vollständig erfolgt ist und ob die geistigen Gesetze genügend gekannt und beachtet worden sind. Bei einer Einstimmung geht es, wie ich mehrfach schon betont habe, ja nicht nur um die Übermittlung von «Technik», sondern um einen energetischen Vorgang, der sich vor allem auf höheren Bewußtseinsebenen vollzieht.

Gelegentlich kommen Reiki-Schüler des 1. oder 2. Grads, manchmal auch Lehrer, zu mir – nach Erscheinen des ersten Buches auch häufiger –, die darum bitten, am (kostenlosen) Einführungsabend teilzunehmen, den wir vor den Einstimmungen zum 1. Grad anbieten. Manche dieser Menschen bitten dann auch darum, erneut eingestimmt zu werden, weil sie irgendwie das Gefühl haben, daß ihnen noch etwas «fehlt», oder weil sie einfach mehr «wissen» wollen über Reiki.

Antworten auf die häufigsten Fragen über Reiki

Wenn die Energie nicht fließt...

Manchmal kommen Menschen zu mir mit der Frage: «Ich habe das Gefühl, daß ich in meinen Händen bei der Reiki-Anwendung nichts spüre, daß keine Energie fließt.» Manche dieser Fragesteller berichten auch, daß sie sich nach der Reiki-Anwendung noch nicht einmal entspannter fühlen.

Meine Antwort lautet dann meistens so:

«Mit welcher Einstellung gehst Du an die Reiki-Anwendung heran? Hast Du vielleicht mental schon die Wünsche formuliert, die Du mit der Selbstbehandlung erreichen willst? Erhoffst Du Dir emotional schon ganz bestimmte Reaktionen? Dann müssen wir uns an die geistigen Gesetze erinnern, die auch im Reiki gelten. Die universelle Energie kann nämlich nur fließen, wenn wir wahrhaftig bereit sind, daß nur Sein Wille geschehe!» Vielleicht möchte etwas viel Schöneres in Dein Leben kommen und Du selbst blockierst es ständig, weil Du noch nicht genügend Weitsicht entwickelt hast.

Eine weitere mögliche Ursache bei der Selbstbehandlung ist, daß der betreffende Mensch so wenig Selbstliebe hegt, daß er sich unbewußt blockiert.

Wenn Energie nicht fließt, dürfen wir getrost davon ausgehen, daß unser Ego im Wege steht. Auch, wenn wir uns nach einer Anwendung müde fühlen, war unser Ego – vielleicht ungewollt, vielleicht unbewußt – mit von der Partie.

In diesen Fällen sind unsere eigenen «Psycho-Energien» (mit-)geflossen, was zu Rückwirkungen führt. Gerade auch beim Fern-Reiki können wir häufig feststellen, daß beide beteiligten Menschen berichten, nichts gespürt zu haben.

Wenn man dann genauer nachfragt, kommt meist heraus, daß der Reiki-Anwender im Sinne gehabt hat: «Ach, wenn der Matthias doch nur wieder laufen könnte» oder «Die Sabine muß sich doch wieder um ihre Kinder kümmern können» und so fort.

Auch hier stand also das Ego im Vordergrund, wenn auch das «positive» Ego. (Siehe auch Frage zum Thema Karma und die letzten beiden Kapitel in diesem Buch).

Wenn die Energien zu heftig fließen...

Eine etwa fünfundvierzigjährige Frau berichtete mir kürzlich über ihre Erfahrungen mit der Reiki-Fernanwendung. Wenn sie die Hände auf die Stellvertreterpositionen auflegte, wurden die Hände sehr heiß, aber ihr selbst auch im und am ganzen Körper. Nach einem längeren Gespräch kamen wir dazu, die Symbole noch einmal systematisch zu besprechen. Dabei stellte sich heraus, daß sie beim Kontaktsymbol Striche vertauscht hatte. Außerdem hatte sie vergessen, den Namen des Symbols dreimal zu wiederholen. Wir übten das zusammen deshalb wieder richtig ein. Nach zwei Tagen berichtete sie, daß die Schwierigkeiten nun nicht mehr auftraten.

Durch dieses Erlebnis wurde ich erneut darauf hingewiesen, wie wichtig es ist, die Symbole und ihre Namen richtig zu erlernen und zu praktizieren, die Abfolge der Visualisierung oder Zeichnung genau durchzuführen und wirklich mit ganzem Herzen und klarem Geist bei der Sache zu sein.

Einige Reiki-Schüler des 2. Grads berichten, daß sie nach dieser Einstimmung ein oder zwei Wochen lang spüren, wie ihre Hände aufgeladen sind. Dann sollten sie, empfehle ich, aber nicht aufhören, Reiki anzuwenden, sondern sich weiter selbst behandeln, auch die Übung mit dem siebenarmigen Leuchter durchführen. Damit werden sie selbst durchlässiger und können eigene innere Energie-Blockaden, welche die «Reibung» und damit die ständige Aufladung verursachen, sozusagen «wegschwemmen».

Manche Menschen empfinden es unangenehm und «als zu starke» Energie, wenn ihnen die Hände aufgelegt werden. Dann sollte auf den unmittelbaren Hautkontakt verzichtet werden und Du kannst die Hände dann über den betreffenden Stellen im Energiekörper beziehungsweise der Aura halten. Daß wir bei offenen Wunden, Krampfadern oder ähnlichen Problemzonen die Hände nicht körperlich auflegen, wurde bereits erwähnt.

Wenn Energie sehr stark fließt, zeigt das nach dem Reiki-System meist an, daß der betreffende Mensch sehr viel neue Kraft braucht und die universelle Lebensenergie sozusagen aus den Händen des Reiki-Anwenders «herauszieht».

Wenn die Symbole nicht oder anders wirken...

Eine gar nicht so seltene Erfahrung im Reiki besteht darin, daß Du Reiki im 1. oder 2. Grad anwendest, und dann etwas ganz anderes passiert als das, was Du vielleicht erwartet hast.

Nehmen wir an, Du hättest Ärger am Arbeitsplatz, wendest Reiki an und schickst über die «Lichtbrücke» universelle Energie in diese Situation. Damit öffnest Du Dich im Idealfall im Inneren bekanntlich für jene Lösung, die aus höherer Sicht nach dem göttlichen Lebensplan die beste für *alle* Beteiligten darstellt. Wenn Du mit Reiki noch nicht so vertraut oder einfach noch nicht erfahren und gefestigt genug bist, kann es sein, daß Du die sich nun ergebende Lösung für Dich (noch) nicht annehmen kannst. In einer solchen Situation kommt schnell der Gedanke auf, «Na ja, das Reiki hat ja doch nicht gewirkt». Trotz alledem: Nach einiger Zeit wird es sich zeigen, wie weise sich alles ergeben hat!

Ein zweites Beispiel: Eine städtische Angestellte sah sich überzogen kritischen Fragen eines aufgebrachten Vorgesetzten gegenüber, der die Korrektheit einer Abrechnung bezweifelte. Die Frau hüllte sich daraufhin selbst in den Schutz des dreidimensionalen Kraftsymbols und schickte auch ihm Reiki-Lichtkraft zu. Der Mann beruhigte sich jedoch keineswegs, sondern verließ erbost den Raum. Nach ein paar Stunden kam er – nun völlig entspannt – zurück und bat seine Angestellte, jetzt in Ruhe den Fall noch einmal durchzugehen.

Es kann also durchaus sein, daß die Symbole wirken, daß Reiki-Kraft fließt, aber die Resultate Zeit brauchen, bevor sie sich auch äußerlich manifestieren können.

Die Symbole können ihre Wirkung nicht entfalten, wenn sie nicht korrekt und vollständig im rechten Bewußtsein angewandt werden.

Welches ist das «richtige» Reiki?

Bei Schulen, die auf die authentischen Lehren von Dr. Mikao Usui zurückgehen und deren LehrerInnen-Linie sich nachweislich zumindest bis zu Phyllis Lei Furomoto oder Dr. Barbara Ray zurückverfolgen läßt, können wir davon ausgehen, daß es sich im Regelfall um das korrekte, vollständige Reiki handelt. Von gechannelten angeblichen (neuen, zusätzlichen) Lehren des Dr. Usui halte ich gar nichts.

Auch den seit kurzem präsentierten Entdeckungen bisher vermeintlich geheimgehaltener höherer Grade – die über den «Meister-» und Lehrer-Grad hinausgehen sollen, stehe ich eher kritisch gegenüber. Wer weitergehen möchte, dem empfehle ich, nach innen zu gehen, zu meditieren und seine eigene Bewußtseinsentwicklung zu fördern – auch über Reiki hinaus.

Einige «höhere» Grade sollen uns angeblich mit Geistwesen in Kontakt bringen. Das mag durchaus stimmen, ist dann jedoch höchst problematisch. Denn welche astralen Geistwesen sind das? Wie können wir ihre Echtheit prüfen? Führen sie uns wirklich zu Gott, zum Göttlichen in uns? Die Entwicklung eines eigenen echten spirituellen Bewußtseins ist sicher der bessere Weg als ein «Herumstochern» in der Astralebene.

Unter Umständen stellt sich im Zusammenhang mit einer (falschen!) Anwendung von Reiki auch die Frage, ob die Bemühung um Heilung mit Handauflegen und Symbolen «Geistheilung» bedeuten könnte beziehungsweise ob eine (ebenfalls falsche) Anwendung von Reiki in der Fremdanwendung dem Anwender einen Teil des Karmas des Menschen aufbürdet, für den er Reikikraft aktivieren möchte. Um diese Fragen geht es im nächsten Abschnitt, der sicherlich «heiß umstritten» sein dürfte. Verstehe die folgenden Äußerungen deshalb bitte nur als einen Beitrag zur Meinungsbildung unter vielen anderen Überlegungen, die auch möglich sind, und als einen Anstoß zur Diskussion.

Reiki, geistiges Heilen und Karma

Zu diesem heiklen Thema habe ich meinen Koautor gebeten, Hinweise aus seiner Sicht den Lesern darzustellen. Er ist mit Fragen der Spiritualität und des Karmas seit vielen Jahren befaßt und hat zahlreiche geistige Lehren dazu kennengelernt. Seine Haltung zu diesem Thema ist eher «konservativ» und vorsichtig. Letztlich muß sich jeder Einzelne an seine eigene Verantwortung er-innern, die er für sein Leben trägt, und sich fragen, ob und wie er die Aufforderung «Dein Wille geschehe» auch wirklich lebt.

Geistiges Heilen

Zu diesem Thema schrieb der große Menschheitslehrer und spirituelle Meister, Sant Kirpal Singh, in seinem Buch *The New Life* unter anderem:

«Geistiges Heilen wird von den Meistern verboten. Dahinter liegen Gründe und eine tiefere Bedeutung, welche die Durchschnittsmenschen ignorieren, weil sie nur den augenscheinlichen Wert der scheinbaren Erfolge sehen und es (geistiges Heilen) als einen Dienst an der leidenden Menschheit betrachten.

Das unausweichliche Gesetz des Karmas steht an höchster Stelle und verlangt für jeden Pfennig einen Ausgleich. Der menschliche Körper, als die höchstentwickelte Form in der Schöpfung, wird von Gott zur spirituellen Vervollkommnung während dieser Inkarnation gegeben.

157

Die Seele im Menschen hat, da sie von Gott selbst stammt, dieselben Eigenschaften wie Gott; allerdings hat sie ihr wahres Erbe verloren, weil sie in Gemüt und Materie verhaftet ist. In ihrem gegenwärtigen Zustand ist die Seele ernsthaft verstrickt in den Körper und in körperliche Bindungen, welche mehr oder weniger eine Reaktion vergangenen Karmas darstellen, das sich im Verlauf der Zeiten bis zur jetzigen Inkarnation angesammelt hat.

Das gegenwärtige Leben ist ein vorübergehendes Stadium auf der langen Reise der Seele aus niedrigeren Schöpfungsformen in die wahre Heimat des Vaters. Der physische Körper ist materiell, die Seele aber ist spirituell; wenn dann karmische Reaktionen erfolgen, kann der Mensch nicht umhin, Leid und Freude zu erfahren.

Die Leiden, bei welchen geistiges Heilen angewandt wird, fallen hauptsächlich in den Bereich körperlicher Beschwerden sowie mentaler Leiden wie Nervenzusammenbrüche usw. Da diese Reaktionen früher angesammeltes Karma darstellen, muß es zu einem karmischen Ausgleich kommen und die Leiden müssen vom Opfer getragen werden.

Der Heiler, wer immer er auch sein mag, der seine Dienste ausführt, lädt Karma auf seine Schultern, das er zu einem späteren Zeitpunkt selbst abtragen muß. Zusätzlich wird er das Wenige an spirituellen Errungenschaften, um sein Gemüt zu stillen, an solchen Demonstrationen von Wunderheilungen vergeuden.

Darüber hinaus wird geistiges Heilen bei schwächeren Geistern angewandt, die üblicherweise Opfer ihrer Gefühle werden.

Was normalerweise geheilt werden kann, indem man ein bißchen leidet und Medizin nimmt, wird gegen spirituelle Werte eingetauscht, und die karmische Schuld bleibt offen und muß später ausgeglichen werden.

Weiterhin wird diese Art von Heilen beruflich betrieben und ermuntert dann manchmal zu Korruption und verursacht selbst Elend. Das geistige Heilen lädt nicht nur zu Fehlpraktiken und medizinischen ‹Kunstfehlern› ein, sondern bringt oft auch mentale Probleme und andere Leiden mit sich... Es handelt sich dabei um eine kausale Verschiebung einer Abzahlung auf ein späteres Datum, und das legt schwere Ketten über die Seele. (...)

Das Heilen, was den Berichten zufolge von Jesus und anderen angewandt wurde, war von einer höheren Qualität. Wenn man im kosmischen Bewußtsein aufgeht und seine Identität verliert, kann man selbst, wenn man nur an einen Menschen denkt oder wenn Menschen nur den Saum des Gewandes (einer solchen Seele, die mit dem kosmischen Bewußtsein eins ist,) berühren, geheilt werden... Dabei muß der Heiler oder Behandler keinerlei Anstrengung machen, um andere Menschen zu heilen. Vor allem ist es der Glaube, der heilt; ernsthafte spirituelle Sucher beschäftigen sich damit nicht, sondern bemühen sich statt dessen unermüdlich um das Erreichen ihrer spirituellen Vervollkommnung, die das höchste Ziel im Leben darstellt.

Die Seele, die soviel höher steigen muß, um in Gott aufzugehen, wird durch Beschäftigung mit niedrigeren Zielen und Absichten nur behindert.» (Zitiert mit freundlicher Genehmigung der Rechteinhaber.)

Ob Reiki «geistiges Heilen» im Sinne des obigen Zitats ist, hängt vom Bewußtsein und der Praxis des Reiki-Anwenders ab.

Karma

Karma ist ein indisches Wort, das Handeln, Wirken oder Tat bedeutet. Als philosophischer Begriff steht er jedoch für das Gesetz von Ursache und Wirkung: Jede Wirkung hat eine Ursache, jede Ursache zieht eine Wirkung nach sich. In diesem Sinne gehören Karma und die Vorstellung von der Reinkarnation zusammen, also von der Wiederverkörperung der Seele in immer neuer äußerer Gestalt.

In einem verkürzten und falschen Verständnis setzt man oft Karma mit von äußeren Mächten auferlegter «Strafe» gleich, die in diesem Leben erlitten werden müßte aufgrund von «schlechtem» Verhalten in einer früheren Verkörperung. Das Gesetz von Ursache und Wirkung hat jedoch mit «Strafe» überhaupt nichts zu tun, sondern funktioniert sehr klar und gerecht nach dem Bibelprinzip im Neuen Testament, «Was *du* säest, das wirst *du* ernten» sowie nach dem Lehrsatz der Physik, «jede Aktion bewirkt eine Reaktion».

Die Karmalehre geht davon aus, daß jeder Gedanke, jedes Gefühl und jede Tat eine Ursache setzen, deren Wirkung – und sei sie noch so geringfügig – eines Tages zum Urheber in der einen oder anderen Form zurückkehrt.

Aus der modernen Naturwissenschaft kennen wir die Überzeugung, daß Energie nicht verschwinden, vernichtet oder aufgelöst werden, sondern nur ihre Erscheinungsform verändern kann. Genauso verhält es sich mit den «Energien», die wir in Form von Gedanken, Gefühlen und Taten entwickeln.

So, wie Beate Blaszok Reiki versteht und praktiziert, scheint mir die Gefahr, daß Karma zeitlich aufgeschoben oder unwissentlich vom Reiki-Anwender aufgenommen wird, gering zu sein beziehungsweise nicht zu bestehen. So, wie Reiki aber oft leider angepriesen und verkauft wird, scheint es mir sehr in der

Nähe von geistigem Heilen und feinstofflichen Karma-Verschiebungen zu liegen.

Wenn geistiges Heilen nämlich mit feinstofflichen Kräften arbeitet, die aus einer höheren als der irdischen Ebene kommen (nämlich aus der astralen oder kausalen) – statt sich «normaler» irdischer Therapien und Arzneien zu bedienen –, dann stehen meiner Ansicht nach Tür und Tor offen für Irrtum, Mißbrauch und karmische Verschiebungen, aber nicht wirkliche Heilung.

Wenn geistiges Heilen in vermeintlicher Einstimmung auf die höchsten Gotteskräfte erfolgt und man sich selbst als Heiler nur als Kanal sieht, bleibt dennoch die Frage, ob dieser Kanal denn schon so absolut rein und egofrei ist, daß man sich selbst mit den Großen dieser Welt, wie Buddha, Christus, Franziskus, Kabir u.a. vergleichen könnte. Wäre es in solchen Fällen nicht günstiger, den leidenden Mitmenschen daran zu erinnern, daß er selbst direkt und unmittelbar zu Gott um Hilfe, Linderung, Heilung und Erlösung vom Leiden bitten und beten kann?

Letztlich muß sich jeder Behandler und Patient, jeder aktive und passive Reiki-Anwender eigenverantwortlich entscheiden, ob er diesen oder jenen Weg gehen will und kann oder nicht. Dabei wünsche ich jedem Menschen von Herzen viel Licht, Klarheit und Unterscheidungskraft – und den Segen Gottes.

Zum Abschluß dieser Überlegungen, die auf Anhieb vielleicht ungewohnt oder sogar befremdlich erscheinen, möchte ich (die Autorin) jedem, der Reiki praktiziert, nochmals ans Herz legen, sich zu prüfen, mit welcher Motivation er Reiki ausübt. Sind wir wirklich bereit, den höheren Willen geschehen zu lassen oder möchten wir eigene, begrenzte oder auch verborgene Ichwünsche verwirklichen? Möchten wir vor allem Menschen in unserer Umgebung helfen? Praktizieren wir Reiki, damit sich der andere endlich verändert?

Die Arbeit mit Reiki macht aus meiner Erfahrung vor allem als Arbeit an sich selbst Sinn. Es geht in erster Linie bei Reiki um Dich, Deine Entwicklung und Liebe zu Deinem wahren Selbst.

Wieviel Liebe sind wir bereit, uns selbst zu schenken, damit sich unsere Seele frei entfalten kann? Schon Hawayo Takatas Motto hieß: «Du bist die Nummer Eins!» Daran läßt sich ebenfalls erkennen, daß Reiki auch früher nicht als eine «Technik» verstanden wurde, mit der sich die universelle schöpferische Kraft etwa «manipulieren» ließe. Vielmehr geht es um Bewußtseinsarbeit und um das Vertrauen in die Schöpfung!

III. Teil

Reiki: Und was kommt danach?

«Was wir sind, ist Gottes Geschenk an uns.
Was wir werden, ist unser Geschenk an Gott.»

(Anonymus)

11. Reiki und darüber hinaus: Die nächsten Schritte

Die Reikiarbeit als Weg zu Selbstentfaltung und Hilfe für andere

Um Reiki als Weg zur ganzheitlichen Heilung wirklich voll nutzen zu können, sind aus meiner Erfahrung folgende Dinge notwendig:

1. Prüfe Deine Motivation, warum Du Dich für Reiki interessierst beziehungsweise warum Du es anwenden möchtest. Geht es um schnellen Verdienst? Ist Dir wichtig, anderen zu helfen? Falls ja, warum? Weil ein Helfersyndrom befriedigt werden möchte? Weil es Dein Lebensweg ist, anderen Menschen zu helfen? Wie stehst Du zu möglichen Folgen aus dem karmischen Gesetz?

   Die Motivation, von der ich glaube, daß sie am tragfähigsten ist, lautet: Ich möchte Reiki machen, weil ich mich selbst weiterentwickeln möchte, weil ich Wege zur ganzheitlichen Heilung suche, weil ich mehr Harmonie und Kreativität in mir entwickeln möchte.

2. Nimm Dir Zeit, viel Zeit, genügend Zeit. Du brauchst Zeit, um Dich als Persönlichkeit zu entwickeln. Du brauchst Zeit, um Dich auf die Reiki-Kraft immer sensibler und inniger einzustellen. Du brauchst Zeit, um an Deiner (sich natürlich auch wandelnden) Motivation zu arbeiten. Du brauchst Zeit, um Reiki in der Eigenanwendung und bei der Behandlung anderer Menschen zu üben. Ich erinnere daran, daß man

nicht alle Grade schnell hintereinander machen kann, weil die Arbeit mit Reiki vor allem Bewußtseinsarbeit ist.

3. Die Bereitschaft, sich wirklich auf die Suche nach dem Göttlichen in jedem Menschen zu begeben, ist eine dritte Voraussetzung, die vielleicht nicht am Anfang des Weges steht, aber sich dann doch bald als Herausforderung stellt. Der nächste Schritt, nachdem Du mit Deiner Suche ernsthaft begonnen hast, ist, auch anzunehmen, was Du findest, und das in Dein Leben zu integrieren. Die Verwirklichung höherer Einsichten im Alltagsleben ist ein Teil von Reiki, ohne den dieses wundervolle System zur ganzheitlichen Heilung nicht mehr als eine Technik wäre. Das «Dein Wille geschehe» muß früher oder später zum Bestandteil jedes Lebens werden, wenn wir unsere Aufgabe als Mensch erfüllen wollen.

Reiki und die nächsten Schritte

Am sinnvollsten ist die Anwendung von Reiki für sich selbst, für Freunde und Familienmitglieder, für Menschen aus dem näheren persönlichen Umfeld. Wenn Reiki für einen selbst und für Menschen, die uns nahe stehen, angewandt wird, werden die Fragen und Probleme, die sonst aufgeworfen würden, minimiert.

Damit machen wir einen wesentlichen Schritt weg von der ständigen Abhängigkeit von anderen – von Heilern, Therapeuten, auch von Reiki-Lehrern! – hin zur Bereitschaft, persönliche Verantwortung für unser eigenes Leben zu übernehmen.

Du selbst bist in hohem Maße verantwortlich dafür, wie es Dir und den Menschen im näheren Umkreis geht. Wie ernährst Du Dich, wie denkst und fühlst Du? Was sprichst Du zu anderen, wie handelst Du? Welche Rolle spielt ein geistiges, spirituelles Lebensziel für Dich. Inwieweit hast Du dafür die rechte Grundlage geschaffen durch ein Menschenbild, das ebenfalls geistig ist, also erkennt und erspürt, daß jeder Mensch dem Wesen nach Geist, Seele, göttlicher Funke ist?

Zu einem ganzheitlichen spirituellen Menschenbild gehört auch das rechte Verständnis für die Grundlagen von Gesundheit und Wohlbefinden einerseits und den Ursachen von Beschwerden und Krankheit andererseits. Solange wir nicht begreifen und empfinden, daß Leid immer geistige Ursachen hat, die – neben der Linderung der akuten Symptome – eben auch «behandelt» und vor allem verändert werden müssen, solange werden wir mit Krankheit nicht richtig umgehen können.

Das heißt übrigens selbstverständlich nicht, daß Reiki oder irgendeine andere Methode alle Krankheiten heilen und alles Leid auflösen kann. Reiki kann aber dazu beitragen, mit einem karmisch bedingten und vielleicht nicht mehr körperlich zu verändernden Schicksal offener, geduldiger, harmonischer, verständnisvoller und mehr im Frieden mit sich und Gott zu leben.

Und schließlich sollten wir erkennen, daß Reiki im hohen Sinn und im besten Fall ein «Weg zum Weg» ist, eine Hilfe, um zum Sinn des Lebens und zu Gott zu finden. Um dieses Thema geht es im Abschluß dieses und im 12. Kapitel.

Reiki aktuell

Seit Anfang des Jahres 1995 werde ich mit Reiki-Informationsbroschüren über verschiedene Grade richtiggehend überschüttet. Da ist die Rede von einem 5. und 6. Grad, sogar einen 12.

Grad soll es geben. Angeblich handelt es sich dabei um «Geheimgrade», wofür «die Menschheit bisher noch nicht hoch genug entwickelt war», um sie ihr zu präsentieren. Da heißt es unter anderem: «Oder wollen Sie nicht in die höheren Grade eingeweiht werden, die so viel spirituelles Wachstum mit sich bringen und für Ihre Schüler so wertvoll sind?» «Wollen Sie sich nicht weiterentwickeln?»

Wieder andere schreiben mir, daß sie selbst die Reiki Alliance und die A.I.R.A. in sich und ihrer Arbeit vereint haben, so daß nun ein «komplettes System» vorläge («Endlich Alliance und A.I.R.A. vereint zu einem System...» dann folgt der Name des Kursleiters, der dies anbietet).

Monatlich erreichen mich neue Hiobsbotschaften über Reiki, so darüber, daß die Verwendung des Begriffs Reiki und mancher Schriftzeichen (wie schon vorher im Buch erwähnt) nun ohne spezielle Genehmigung strafbar seien oder daß nun einige liebe Mitmenschen behaupten, sie channelten Dr. Usui und hätten deshalb Zugriff zur endgültig autorisierten Lehre von ihm. Die Anzeigenangebote über Reiki in esoterischen Blättern werden immer undurchsichtiger und fragwürdiger.

Ich frage mich manchmal, wie sich Menschen in diesem «Dschungel» überhaupt noch zurechtfinden können. Für mich persönlich habe ich ohnehin beschlossen, mich an diesem «Konsum» von Reiki nicht mehr zu beteiligen, indem ich immer noch angeblich höhere Grade erwerbe. In der Stille, tief in mir, wo Ruhe und Frieden herrscht, fand ich eine Antwort auf meine Frage: «Vertraue auf das Licht, das in jedem Menschen leuchtet. Vertraue darauf, daß dieses göttliche Licht jedem leuchtet, der nach dem Sinn sucht und bereit ist, sich für die höhere Wahrheit zu öffnen.»

Wenn Du offen bist für das Höhere in Dir, kann und braucht Dir kein anderer Mensch oder irgendeine Institution, aber auch kein Reiki-Lehrer mehr sagen, was Du weiter tun sollst. Die Wahrheit findest Du nur im Inneren.

«Gott hat weder eine bestimmte Klasse noch Religion. Warum streiten wir dann wegen solcher unklarer Dinge? Wenn wir uns als Diener Gottes bezeichnen, warum sollte es dann irgendwelche Streitigkeiten unter seinen Dienern geben? Wir sollten uns nach innen wenden und den inneren Schleier durchdringen. Wir wissen bereits, daß Gott in allen ist. Wer nach innen geht und Gott schaut, indem er den inneren Schleier entfernt, ist unserer Achtung und unseres Lobes wert. Wer aber den Schleier nicht entfernt und auch nicht nach innen geht, kommt blind zur Welt und verläßt sie auch wieder blind.»

Dieser Auszug stammt aus einer Ansprache von Hazur Baba Sawan Singh, einem Meditationslehrer des inneren Licht- und Tonstroms.

Jedem wirklich Suchenden möchte ich empfehlen, sich nach innen zu wenden und darum zu bitten, mit dem inneren Licht und der Musik der Sphären in Verbindung zu gelangen. Damit erhalten wir nicht nur einen Zugang zu den wunderbaren Innenwelten der Seele, sondern auch neue Kraft, um unser Alltagsleben bewußt und klar, schöpferisch und liebevoll zu führen und unsere Herausforderungen zu bestehen.

Je mehr Menschen erkennen, daß ohne das Göttliche unser Leben nicht viel wert ist, je mehr Menschen sich dafür entscheiden, um Zugang zum Göttlichen zu beten und das Göttliche in ihr Leben einzuladen, desto mehr kann sich der göttliche Wille auf unserer Erde manifestieren.

Dabei kann Reiki eine Hilfe darstellen, daß wir überhaupt wieder unserer inneren Stimme im Herzen mehr Vertrauen schenken, daß wir einen Zugang zu unserer Lichtnatur finden

169

und daß wir uns dafür öffnen, die göttliche Kraft stärker durch uns wirken zu lassen.

Letztlich bestimmt jeder von uns seinen Weg in eigener Verantwortung, und er geht ihn auch all-eins. Vielleicht darfst Du erkennen, daß das Reiki-System eine Tür aufmachen kann zu inneren Erfahrungen. Beginnen wir also mit dem ersten Schritt, mit der Anwendung von Reiki in der rechtschaffenen Einstellung im Herzen, und bleiben wir offen für das Erleben neuer Dimensionen.

12. Reiki als Gebet

Als ich schwanger war und spürte, daß in mir etwas ganz Neues heranwuchs, veränderte das mein gesamtes Leben. Vieles in mir kam in Bewegung, und ich erkannte Zusammenhänge, die mir vorher fremd waren. Meine Sichtweise vom Leben wandelte sich von Grund auf. Die Geburt wurde für mich zu einem wichtigen Auslöser für den weiteren Entwicklungsprozeß. In bestimmten Phasen während des Geburtsvorgangs begann ich zu beten: für das winzige Wesen, für mich selbst und für unser gemeinsames Wohlergehen.

Als ich meinen Sohn Dominik Samuel nach der Geburt in meinen Armen hielt, entstand in mir das Gefühl, als würde sich hier und jetzt die ganze Schöpfung offenbaren – und ich war mit ihr verbunden. Große Dankbarkeit und Liebe durchströmten mich. Durch dieses tiefgreifende Erlebnis änderte sich auch meine Einstellung und die Anwendung der Reiki-Kraft. Seither wende ich Reiki nicht mehr an, ohne vorher auch durch ein Gebet die Verbindung mit der Schöpferkraft zu suchen. Ich habe gelernt, alles anzunehmen, was die Schöpferkraft geben möchte. Seither betrachte ich Reiki vor allem als eine Form des Gebets.

Es gibt Stufen des Gebets, die in allen Glaubensrichtungen immer wieder auf ähnliche Weise beschrieben werden. Dazu zählen Bittgebete, Dankesgebete, Gebete darum, daß Gott uns den Weg zu Ihm zeigen möge, Gebete um göttliche Vergebung und Gnade, und schließlich Meditation in Gott. Darshan Singh beschreibt dies in seinem Buch *Liebe auf Schritt und Tritt* (siehe Literaturhinweise) sehr schön. Diese Stufen durfte und darf ich ebenfalls erfahren, und ich betrachte eine Bewußtseinshaltung des Betens als einen der besonders hilfreichen Faktoren für die rechte Anwendung von Reiki.

Anfangs betete ich zu Gott darum, daß ich eine Aufgabe finden möge, die uns beide ernährt, mich erfüllt und Zeit läßt, daß ich mich um Dominik kümmern könnte. Ich betete um Gesundheit für meinen Sohn und mich. Ich notierte mir meine Gebete in Tagebüchern, um sie wirklich klar zu formulieren, um den Gebetsinhalt deutlich vor Augen zu haben und auch, um mich zu prüfen, was ich wirklich wollte.

Nach einem halben oder dreiviertel Jahr stieg Dankbarkeit in mir auf, und ich versuchte, diese Dankbarkeit Gott in Form von Gebeten zu sagen. Ich merkte, daß ich dafür dankbar sein durfte, daß Gott uns ernährt, daß Er Dominik und mir und allen Lebewesen die Chance der Entwicklung durch Leben schenkt. Ich begann, auch dankbar dafür zu werden, wenn sich Konflikte ergaben oder Probleme zu lösen waren. Ich durfte erkennen, daß solche Herausforderungen ebenfalls ein Geschenk Gottes waren, um mich und andere Menschen wachsen und reifen zu lassen, um uns an den Lebenssinn zu erinnern.

Natürlich wurden nicht alle Bittgebete erfüllt, wie ich es mir gedacht hatte. Aber im nachhinein konnte ich erkennen, daß sie stets zum Wohle aller beantwortet wurden. Dies half mir, den Irrglauben loszulassen, daß ich für alles eine Lösung parat haben müßte. Daraus erwuchs der Impuls, daß sich meine Gebete weiter veränderten.

Ich betete nun darum, daß ich einen Weg finden würde, wie ich näher zu Gott kommen könnte. Ich betete darum, daß ich in meine wahre Heimat zurückkehren dürfte und daß ich das Göttliche im Leben besser zu verwirklichen imstande wäre. Daraufhin ergaben sich immer wieder Dinge in meinem Leben, die mir nahezulegen schienen, daß ich gar nicht am richtigen Platz stünde, daß ich noch nicht den richtigen Beruf hätte oder nicht auf die rechte Weise meinen Aufgaben gerecht würde. Das waren teilweise massive «Angriffe» auf mein Ich-Verständnis, das

172

rüttelte stark an meinem Ego. Ich hatte um etwas Höheres gebe-
tet und mußte nun irgendwie damit zurecht kommen, wenn
sich aus diesem Gebet auch persönliche Konsequenzen ergeben
sollten.

Das war für mich der Anstoß, um Vergebung zu bitten darum, daß ich so oft den höheren Willen nicht richtig erkannt
hatte oder – häufiger – noch nicht die Kraft gefunden hatte, ihm
auch zu folgen und höhere Einsichten auch im Alltag wirklich
zu leben. Diese Form von Gebet um Vergebung für meine
Schwächen half mir, andere Menschen besser zu verstehen, ihnen von meiner persönlichen Ebene her leichter zu vergeben,
wenn es einmal Unstimmigkeiten oder Krach gegeben hatte. Ich
lernte mich zu entschuldigen, wenn ich eingesehen hatte, daß
ich im Unrecht war.

Mit der Erkenntnis und dem unmittelbaren Erspüren, daß es
tatsächlich eine höhere Kraft gibt, die alles weiß, die auch meine
persönlichen Sorgen kennt und die sich – auch dann, wenn ich
nicht betete – um das kümmert, was für die Entwicklung notwendig ist, begann mein bewußteres spirituelles Erleben, mein
Einstieg in eine wahre Spiritualität.

«Wir hören auf, uns Sorgen um das zu machen, was wir brauchen, denn wir erkennen die Worte Jesu: Dein Vater weiß, was
du brauchst, noch bevor du ihn fragst.» (Darshan Singh, a.a.O.,
S. 103)

Der nächste Schritt im Bemühen um das rechte Gebet bestand
für mich dann darin, daß mir klar wurde, daß ich nicht nur Gott
um dieses oder jenes, mal etwas Irdisches, mal vielleicht etwas
Höheres, bitten sollte, sondern daß es auch Zeiten des «stillen
Gebets» geben müßte, in denen ich auf Gottes Stimme, auf
Seine Antwort, hören lernte.

Im üblichen Gebet richten wir uns auf Gott aus, wir bemühen uns, zu ihm zu sprechen. Das kann mit halblauter Stimme oder unhörbar im Inneren geschehen – aber immer sind Fühlen und Denken aktiv damit beschäftigt, sich an Gott zu wenden. Im «stillen Gebet», das man gut auch Meditation nennen kann, wird das Gemüt des Menschen ruhig, eben still, wir fühlen und denken nicht mehr, sondern wir öffnen uns dafür, daß sich Gott mit seiner Botschaft an uns richten möge. Es geht dabei nicht um sogenannte geführte Meditationen oder Musikmeditationen, sondern um eine echte Stille. Ein solcher Weg ist die Lichtmeditation. Das Gebet in dieser hohen Form ist die Bitte, daß Gott in unser Leben treten möge, wir laden Gott sozusagen ein, sich uns zu offenbaren. Diese Form von Meditation oder Kontemplation, der stillen Versenkung, ist ein Schritt zu dem, was die christlichen Mystiker *unio mystica*, mystische Vereinigung, nannten.

Zwei Bittgebete, die mir sehr nahe sind und die ich gern mit Dir teilen möchte, lauten:

«Gott, Du Schöpfer allen Lichtes, allen Lebens, allen Seins, aus tiefstem Herzen bitte ich Dich, durch mich zu denken, zu sprechen, zu fühlen und zu handeln – auf daß Dein Wille durch mich geschehe.»

Im Reiki bete ich gern auf folgende Weise:

«Ich bitte um das göttliche Licht für (... Namen, auch den eigenen), auf daß sich der höchste göttliche Wille so manifestieren kann, wie es zum Wohle aller Beteiligtem am besten ist.»

Gott tut ohnehin das Seine, aber das Gebet öffnet unser Gemüt, um mehr von Seiner Liebe und Gnade aufnehmen zu können. Das Gebet er-innert die Seele an ihre eigene Göttlichkeit und macht sie transparenter für das göttliche Licht.

Wenn wir in der Geisteshaltung des Gebets Reiki anwenden, öffnet sich eine neue Dimension der inneren Kraft: Wir lassen geschehen, wir nehmen *alles* an. Das Leben ist dann nicht mehr zufällig oder schicksalhaft, sondern die göttliche Kraft, die in uns allen wohnt, beginnt sich aktiv zu entfalten und schöpferisch auszudrücken.

Wir erfahren tief in uns, daß alles, was zu uns gehört, auch in unser Leben eintreten wird. Und wir lassen die Angst los, je etwas *wirklich* zu verlieren. Denn alles, was sich aus unserem Leben entfernt, verabschiedet sich, weil wir es für unsere weitere Entwicklung gar nicht mehr brauchen. Wir entwickeln ein Gespür dafür, welche Aufgaben noch vor uns liegen und wie wir sie ausführen können. Im Reiki ab dem 2. Grad beginnen wir, Symbole und Mantren als eine Form des Gebets und in einer innerlich demütigen Gebetshaltung anzuwenden und gedanklich auszusprechen.

Nach meiner Erfahrung hat Reiki von dem Zeitpunkt an eine neue Dimension gewonnen, als das Gebet zum Bestandteil meiner täglichen Reikipraxis wurde.

Probiere es einfach einmal aus, wenn Du Dich selbst mit Reiki behandelst. Beginne mit einem Bittgebet, betrachte die Reiki-Anwendung als eine meditative Übung, und schließe mit einem Dankgebet.

* * *

Laß einfach das, was Du in diesem Buch gelesen hast, einige Zeit auf Dich wirken. Spüre, wie sich die verschiedenen Vorschläge für Dich anfühlen. Was möchtest Du ausprobieren, was kannst Du für den Alltag und für Deinen Lebensplan anwenden?

Möge Dir dieses Buch helfen, Deinen Weg zum Sinn und zur Erfüllung des Lebens so zu finden, wie es Gott für Dich gemeint hat. Mögest Du immer offener werden für die Liebe und das Licht, die aus der unerschöpflichen göttlichen Quelle durch jedes Lebewesen fließen und sich zum Ausdruck bringen möchte. Mögest Du Seinen Segen und Seine Gnade zu einem Fundament Deines Lebens machen können.

Im Sinne des Reiki können wir uns als Kinder Gottes verstehen, die von Ihm sicher und gütig an den Händen geführt werden, wie es der Dichter Matthias Claudius so unnachahmlich schön zum Ausdruck brachte:

Der Mensch lebt und besteht
Nur eine kleine Zeit,
Und alle Welt vergeht
Mit ihrer Herrlichkeit.
Es ist nur Einer ewig und an allen Enden
Und wir an seinen Händen.

Anhang

Literaturhinweise

Beate Blaszok: *Reiki fürs Leben*, Goldmann Verlag München, 3. Aufl. 1995.

Brunhild Börner-Kray: *Der geistige Weg zum Überleben*, I & II, Peter Erd Verlag 1987.

Eileen Caddy, *Herzenstüren öffnen*, Greuthof Verlag 1994.

Thorwald Detlefsen: *Krankheit als Weg*, Bertelsmann, Gütersloh, 1983.

Betty Eadie: *Im Licht*, Knaur Verlag München, 1994.

Louise L. Hay: *Heile Deinen Körper*, Lüchow Verlag Freiburg, 1989.

Anne und Daniel Meurois-Givaudan: *Vom Geist der Sonne*, Edition Kailash, Hugendubel Verlag München, 1993.

Jill Purce: *Die Spirale: Symbol der Seelenreise*, Kösel Verlag München, 1988.

Sogyal Rinpoche: *Das tibetische Buch vom Leben und Sterben*, O.W. Barth Verlag München, 13. Aufl. 1995.

Wulfing von Rohr: *Die Kraft der Engel* – Dein liebevoller Begleiter durch das ganze Jahr, Urania Verlag Neuhausen, 1996.

ders.: *Die Deutung des Horoskops*, Planeten, Zeichen, Häuser und Aspekte. Das umfassende Einstiegswerk in die Astrologie und praktische Handbuch zum Nachschlagen. Urania Verlag Neuhausen, 1996.

ders.: *Was lehrte Jesus wirklich?* Die verborgene Botschaft der Bibel, Goldmann Verlag München, 1995.

ders.: *Es steht geschrieben... Ist unser Leben Schicksal oder Zufall, Karma oder Chaos?*, Ariston Verlag Kreuzlingen-München, 2. Aufl. 1995.

ders.: *Wege der Seele* – Chancen und Grenzen der Esoterik, mvg-Verlag München, 1995.

Hans Edo Schwerin (Übersetzer): *Kybalion* – Eine Studie über die hermetische Philosophie des alten Ägyptens und Griechenlands, Akasha Verlagsgesellschaft, ohne Ort und Datum.

Darshan Singh: *Liebe auf Schritt und Tritt* – Vom Wunder der inneren Welten, Fischer Verlag Münsingen, 1993.

Kirpal Singh: *Karma – Das Gesetz von Ursache und Wirkung*, Origo Verlag, 1983.

Rajinder Singh: *Heilende Meditation*, Urania Verlag Neuhausen, 1996.

Roland Stenglin: *Reiki – Energie und Weg*, Windpferd Verlag Aitrang, 1994.

Bücher speziell für Kinder

Marielu Lörler, Jacomos Regenbogentraum, Chr. Falk Verlag Seeon, 1988.

dieselbe, Jacomo baut ein Medizinrad, Chr. Falk Verlag Seeon, 1990.

Metraton/Christiana Sauter, *Dein Engel und Du*, Chr. Falk Verlag Seeon, o.J.

Musikempfehlungen für Reiki-Anwendungen

Ajad, *Reiki Music* Volume 1, 2 und 3, Bezug über High-Tide Srl., via S. Girolamo 7, 30174 Venezia/Mestre.

Arche Noah, *Quell der Heilung*, Bezug über Musik Buchverlag, 25917 Achtrup, Schruplund 12.

Klaus Wiese, *Tibetische Klangschalen I u. II*, Bezug über Edition Akasha, Buttermelcherstr. 3, 80469 München.

Bücher, MC's und CD's zu beziehen im gut sortierten Fachhandel oder bei:

Lichtquell
Gudrun Schöner
Leiterberg 61
87488 Betzigau

Telefon und Fax: 08304 / 719

Empfehlungen für Karten

Das LebensLicht-Zentrum hat ein Set mit 120 Affirmationskärtchen gestaltet, die wir in der täglichen Reiki-Praxis anwenden. Diese Kärtchen kosten DM 25.– plus Verpackung und Versand und sind zu beziehen nur über Lebens-Licht; Adresse siehe Seminarhinweise.

Kontaktadressen für Vorträge und Seminare

Beate Blaszok

Anfragen über Reiki-Kurse für den 1. und 2. und 3. Grad, Reiki-Fortbildung («Reiki Intensiv»), Kinder-Reikikurse, «Reiki on the Job», Reiki-Symbole-Workshop, Weiterbildung für Reiki-Lehrer, Meditations- und Selbsterfahrungs-Seminare und Kurse zu verwandten Themen bitte an:

> LebensLicht
> Zentrum für ganzheitliche Entfaltung
> Beate Blaszok
> Leiterberg 61
> D-87488 Betzigau
>
> Telefon und Fax: 08304 / 719
>
> (ehemals Reiki-Zentrum Allgäu)

Wulfing von Rohr

Anfragen zu Vorträgen über esoterische Themen, Wege zur Selbsterfahrung und über Astrologie bitte richten an

Wulfing von Rohr
Santa Fe, New Mexico, USA

Fax: (001) (505) 986-0235.

Spirituelle Lichtmeditation am 3. Auge

Informationen über regelmäßige (kostenlose) Treffen zur Lichtmeditation sowie über spirituelle Vorträge und Meditations-
seminare unter Leitung des Meditationsmeisters und Urania-
Autors (*Heilende Meditation*) Rajinder Singh in Europa über:

Helga Kammerl
Jägerberg 21
D-82335 Berg

Telefon: (08151) 50449
Fax: 51038

Herbert Wasenegger
Mautner Markhofgasse 13-15
A-1110 Wien

Telefon: (0222) 7454055

Angela Seiler
Tödistraße 20
CH-8002 Zürich

Telefon: 01 / 202 23 72
Fax: 01 / 201 64 18

183

Über die Autoren

Beate Blaszok verfügt über eine fundierte theoretische und praktische Ausbildung und Erfahrung im Bereich von Medizin und Gesundheit, und zwar sowohl auf herkömmlichen wissenschaftlich-technischen als auch in naturheilkundlich-ganzheitlichen Gebieten sowie auf dem Feld der psychosomatischen und spirituellen Therapien.

Sie ist naturwissenschaftlich ausgebildete medizinisch-technische Assistentin. Zunächst arbeitete sie in einem Krankenhaus im Rheinland. Danach war sie in verschiedenen Laborgemeinschaften im Rhein-Neckar-Raum als Leiterin tätig. Zeitweise war sie im Außendienst einer Firma für Diagnosegeräte beschäftigt.

Beate Blaszok hat daran eine mehrjährige Vollzeitausbildung an der renommierten Heilpraktikerschule in Hochheim angeschlossen und die Berechtigung zur Ausübung des Heilpraktikerberufs erworben. Vorher, parallel dazu und unmittelbar darauf besuchte sie zahlreiche Intensivkurse zu psychosomatischen und spirituellen Wegen und Therapien.

Beate Blaszok hat die mehrjährige Ausbildung zur Reiki-Lehrerin und -Meisterin nach dem «Alliance»-System in Frankfurt und München als Schülerin freier Reiki-LehrerInnen und -MeisterInnen in diesem System abgeschlossen und den höchsten Grad erworben, den Grad IIIB, die Meister- und Lehrerstufe.

Zusätzlich hat sie anschließend die Ausbildung bis zum 4. Grad nach dem «AIRA»-System (jetzt T.R.T.A.I.) bei freien Reiki-Lehrern und -Meistern absolviert, die anfangs in diesem System ausgebildet wurden und danach gearbeitet haben. (T.R.T.A.I. nennt ihr System inzwischen «The Radiance Technik».) Damit gehört sie zu den wenigen Menschen im deutschsprachigen Raum, die nach beiden wichtigen Reiki-Systemen ausgebildet worden sind!

Derzeit leitet Beate Blaszok das «Zentrum für ganzheitliche Entfaltung ‹LebensLicht› (ehemals Reiki-Zentrum Allgäu)», in dem sowohl Einzeltherapien angeboten werden als auch Reiki-Seminare. Sie hält Kurse zur Einstimmung in die drei Reiki-Grade und zur Vertiefung von Reiki; besonderen Wert legt sie auf die weiterführende Begleitung der Reiki-Lernenden.

Sie führt auch eine Praxis für ganzheitliche Therapien mit den Schwerpunkten spirituelle Psychotherapie, Lebensberatung und Reiki.

Die Reiki-Praxis ist Beate Blaszok's erstes Buch im Urania Verlag Neuhausen.

Wulfing von Rohr ist Sachbuchautor und Fernsehjournalist, der sich seit über zwanzig Jahren mit Fragen der Bewußtseinsentwicklung auseinandersetzt. Er betont einen schöpferischen, weltzugewandten und positiven Zugang zu diesen Themen. Er ist auf seinen beruflichen Reisen zahlreichen führenden Persönlichkeiten aus Politik, Wirtschaft, Wissenschaft, Kultur und Religion begegnet, mit denen er intensive Gespräche geführt hat, die in Fernsehsendungen, Büchern oder Artikeln veröffentlicht wurden. W. v. Rohr gilt als einer der besten deutschsprachigen Kenner der Esoterik und verwandter Gebiete. So hat er Edward Bach, Dane Rudhyar und Chris Griscom für Deutschland entdeckt und herausgegeben, ist Herausgeber der Reiseführerreihe *Magisch Reisen*, hat eine Reihe von Videolehrgängen als Herausgeber und Produzent gestaltet und als Koautor an mehr als fünfzehn Büchern aus dem Bereich Esoterik und Ganzheitliche Gesundheit mitgewirkt. Im ZDF hat er u.a. die Sendungen *Es steht geschrieben... Auf den Spuren einer Weltformel* und *Die Sonnenstadt im Chaco Canyon* über die Anasazi-Indianer für die Reihe *Terra X* produziert.

Wulfing von Rohr war Mitglied im Vorstand des Berufsverbands Deutscher Yogalehrer (BDY) und hat an der Ausarbeitung des Ausbildungs-Curriculums mitgewirkt. Jetzt widmet er sich vor allem Buchveröffentlichungen, Vorträgen und Seminaren.

Im Urania Verlag Neuhausen ist bisher von ihm der Titel *Die Kraft der Engel* erschienen. *Die Deutung des Horoskops* wird im Herbst 1996 erscheinen. Außerdem hat er an verschiedenen Kartensets mitgearbeitet, so an den *Farbtherapiekarten*, den *Kräuterkarten*, den *Bachblüten-Farbkarten* und dem *Tarot der Liebe*.

Notizen

Notizen

Notizen